Bled

CE2

Édouard BLED
Directeur honoraire de collège à Paris

Odette BLED
Institutrice honoraire à Paris

Nouvelle édition 2017
assurée par **Daniel Berlion**
Inspecteur d'académie

hachette
ÉDUCATION

Création de la maquette de couverture :
Delphine D'Inguimbert et Valérie Goussot

Création de la maquette intérieure :
Delphine D'Inguimbert et Valérie Goussot

Mise en pages :
Alinéa

Édition :
Véronique de Finance-Cordonnier, assistée de Maud Le Geval

ISBN : 978-2-01-700921-4
© HACHETTE LIVRE 2017, 58 rue Jean Bleuzen, CS 70007, 92178 Vanves Cedex.

PAPIER À BASE DE
FIBRES CERTIFIÉES

hachette s'engage pour
l'environnement en réduisant
l'empreinte carbone de ses livres.
Celle de cet exemplaire est de :
0,41 kg éq. CO₂
Rendez-vous sur
www.hachette-durable.fr

Avant-propos

L'apprentissage de l'orthographe exige des efforts patients, persévérants et ordonnés. Mme et M. Bled adoptèrent cette démarche dans tous leurs ouvrages. Nous avons tenu à conserver cette ligne de conduite qui a assuré le succès de la collection. L'exhaustivité, la clarté de la présentation, la formidable somme d'exercices (plus de 450 pour cet ouvrage) que l'élève doit aborder avec méthode et détermination, clé de ses progrès, nous en avons fait notre miel. Tous les utilisateurs du *Bled* retrouveront ces qualités qui structurent un enseignement difficile pour le maître et un apprentissage rigoureux pour l'élève.

Pourquoi une refonte puisque la permanence de ces valeurs n'échappe à personne ?

Depuis 1946, date de la première édition, les conditions d'enseignement ont changé. L'accent a été mis ici sur les **difficultés figurant dans les programmes 2016**, même si des extensions sont parfois proposées. Sur de nombreux points, certains élèves sont à même de poursuivre leurs apprentissages à partir des bases qui leur sont données. Nous avons donc voulu offrir à l'élève le plus en difficulté un ouvrage qui lui permette de reprendre confiance, et, à l'élève le plus avancé dans ses apprentissages une possibilité de perfectionner son orthographe.

Nous avons également **actualisé le vocabulaire** pour placer l'élève devant des situations qu'il rencontrera quotidiennement : la télévision, Internet, le sport, les moyens de transport, les modes alimentaires, les avancées technologiques, les loisirs, etc. Ainsi, tous les centres d'intérêt d'un enfant d'aujourd'hui servent de supports aux exemples et aux exercices.

L'examen de milliers d'écrits d'élèves nous a conduit à intégrer plusieurs leçons de grammaire. En effet, plus de 60 % des erreurs relevées sont dues à une méconnaissance des règles d'accords et de conjugaison. L'élève trouvera dans cette partie « Grammaire » toutes les notions indispensables pour écrire correctement. Il sera progressivement conduit à identifier la nature des mots pour pouvoir appliquer, dans la partie « Orthographe grammaticale », les **règles qui président aux différents accords de la phrase**.

L'**étude de la conjugaison** a également une grande importance. Le verbe est en effet le mot essentiel de la phrase. L'élève doit se familiariser avec ses formes multiples, tant pour acquérir une bonne orthographe que pour construire des phrases correctes. Nous proposons l'étude des verbes selon la progression définie dans les derniers programmes. Cependant, nous avons intégré quelques verbes supplémentaires aux formes irrégulières parce que leur fréquence d'emploi est assez élevée.

En fin d'ouvrage, nous présentons certaines des rectifications de l'orthographe proposées par le Conseil supérieur de la langue française. Nous laissons aux professeurs la liberté de se déterminer quant à leur application.

À travers l'apprentissage de l'orthographe, c'est en fait la **maîtrise de la langue** que nous visons. Si l'élève est à l'école de la rigueur et de la correction, il (elle) automatisera peu à peu son orthographe et sera ainsi plus attentif(ve) à tous les problèmes que pose une expression personnelle, puisque c'est bien évidemment l'objectif ultime : **mettre l'orthographe au service de l'expression de l'élève**.

Daniel BERLION

SOMMAIRE

Grammaire

Orthographe

Orthographe grammaticale

SOMMAIRE

Orthographe d'usage

Conjugaison

SOMMAIRE

Grammaire

Les noms

une couleur   le téléphone   des crayons   un arbre
la vérité   un escalier   la gentillesse   le lion

Règle

Le **nom commun** désigne une personne, un animal, un lieu, une chose, une idée ou une qualité en général. Il commence par une **lettre minuscule**.
- un garçon – un chat – une chambre – une lampe – l'attente – le goût – la franchise

Un **nom concret** désigne un être, une chose, un objet que nos sens (vue, odorat, ouïe, toucher…) distinguent.
- un homme – un éléphant – un tableau – une porte

Un **nom abstrait** désigne un état, une action, une idée.
- une course – la fatigue – la peur – l'amitié – la chaleur

Le **nom propre** désigne une personne, un animal, un lieu ou une chose en particulier. Il commence toujours par une **lettre majuscule**.
- Maxime – Marseille – Canada – Tintin et Milou

★ **1** **Recopie ces phrases et entoure le seul nom de chacune d'elles.**
Vous avez choisi un pantalon noir. — Nous partirons prochainement en vacances. — Dolorès réfléchit avant de répondre. — As-tu déjà assisté à une représentation théâtrale ? — Il faudra que tu m'expliques pourquoi tu es en retard. — Dans quel piège sommes-nous tombés ? — Les figues fraîches sont toujours un peu juteuses.

★ **2** **Recopie seulement les noms de cette liste.**

dimanche	parle	vêtements	souvent	matin	après
fleur	quoi	nuageux	toits	lisons	celle
peindre	urgence	contre	livre	jardins	carte

★★ **3** **Classe ces noms dans le tableau.**
une lampe — des fourchettes — un menteur — une télécommande — un lapin — une souris — des radiateurs — une chouette — une maîtresse — un fauteuil — des vitres — des poissons — un boulanger — un maillot — des rideaux — une caissière

Noms qui désignent un être vivant	Noms qui désignent un objet
…	…

4 **Recopie ces phrases en les complétant avec les noms suivants.**

document – torrent – sac – colle – casserole – dépanneuse – cerises – sortie – vestiaires – anorak

Enfile ton …, sinon tu vas avoir froid. – J'ai imprimé ce … en quatre couleurs. – Que cherches-tu dans ton … ? – Surtout ne touchez pas à cette … brûlante ! – Les … se trouvent à l'intérieur du gymnase. – Comme les … sont mûres, on les cueillera demain. – La … remorque la voiture accidentée. – On ne peut pas traverser ce … sans se mouiller. – Nous avons longtemps cherché la … . – La … est presque sèche, mais attendez encore un instant.

5 **Indique entre parenthèses le nombre de noms dans chaque phrase.**

Comme la sonnette ne fonctionne pas, je frappe rapidement à la porte. (…) – Le plombier installe les lavabos, les éviers ou les baignoires. (…) – Le médecin arrête le sang à l'aide d'une compresse. (…) – Martin a effectué une longue promenade avec son chien. (…) – Ce jeune enfant vient de perdre ses premières dents de lait. (…) – La piqûre de certains insectes peut être très douloureuse. (…) – La finale de la Coupe de France fut une partie vraiment animée. (…) – Je sens une agréable odeur de flan à la vanille. (…)

6 **Recopie ces phrases et entoure tous les noms.**

Prête-moi ta gomme car j'ai oublié la mienne. – À la vue d'une araignée, Bruno pousse un cri perçant. – Le dimanche, beaucoup de magasins sont fermés. – Ce dessert au chocolat me fait envie. – La récréation a duré longtemps et les filles ont joué à l'élastique. – On aperçoit tous les détails de ce bijou avec une loupe. – Cendrillon a perdu une chaussure en sortant du bal. – Le début du film m'a plu et je suis resté devant l'écran sans pouvoir le quitter des yeux.

7 **Classe ces noms dans le tableau.**

Afrique – un volcan – une planète – Napoléon – un paquebot – Molière – le Titanic – un empereur – un écrivain – le Vésuve – un avion – des habitants – un continent – Bordeaux – des Russes – une ville – un Airbus – Vénus

Noms communs	Noms propres
…	…

8 **Classe ces noms dans le tableau.**

une plage – une crème – une naissance – une journée – un verre – un écran – la vitesse – un billet – la faim – un départ – une habitude – la force – un sanglier – une route – la jeunesse – un rasoir – une abeille – un bruit – le courage

Noms concrets	Noms abstraits
…	…

Révisions : exercices 84 et 85, p. 32

2e Leçon — Les déterminants

le couteau   une cuillère   mon bonnet   cette fourchette   du chocolat
les mots   des phrases   mes gants   ces lignes   aux environs

Règle

Les noms s'emploient rarement seuls. Ils sont généralement précédés d'un **déterminant**.

Les déterminants peuvent être :
- **singuliers** : le livre – la journée – l'élève – l'herbe – un crayon – une table – mon chat – ma gomme – ton pull – ta trousse – son vélo – sa veste – ce jour – cette nuit – du pain – au jardin
- **pluriels** : les livres – les journées – des crayons – des tables – mes stylos – tes affaires – ses chaussures – ces voitures – aux jardins

★ **9** **Recopie cette liste. Entoure les noms et souligne les déterminants.**

le fond	la visite	les paroles	ce salon	cette montagne
des rouleaux	l'hôpital	une musique	l'étage	le vent
cet accident	du lait	ses cadeaux	un artiste	la neige

★ **10** **Recopie ces phrases. Entoure les noms et souligne les déterminants.**

Un rectangle et un carré ont des angles droits. — Ce camion transporte des fruits et des légumes. — Tu enfiles ton pull par-dessus ta chemise. — Vous avez flâné devant les magasins et vous avez oublié l'heure. — Enzo écoute les conseils que donne son professeur. — Ces fenêtres et cette porte sont restées ouvertes toute la nuit. — Voulez-vous du thé ou du café ? — Demain soir, je vais au théâtre avec mes amis.

★ **11** **Recopie en plaçant le déterminant un ou une devant ces noms.**

… bureau	… feuille	… bouteille	… sifflet	… joie
… adresse	… témoin	… cheval	… rue	… obstacle
… opération	… dizaine	… kilomètre	… portière	… panier
… lampe	… nappe	… mois	… neveu	… nombre

★ **12** **Recopie en plaçant le déterminant le, la ou l' devant ces noms.**

… départ	… force	… argent	… silence	… lézard
… robe	… dossier	… naissance	… absence	… roue
… taille	… mouche	… bouquet	… usine	… orage
… ombre	… miracle	… morale	… morceau	… éclair

13 Recopie ces phrases en plaçant le déterminant **un, une** ou **des** devant les noms.

… cordonnier répare … chaussures et … bottes. − Dans … train, il y a … locomotive et … wagons. − … acteurs célèbres jouent dans … film comique. − Si tu avais … économies, tu achèterais … console de jeux. − Il n'est pas simple de remplacer … antenne de télévision par … parabole. − Jordi regarde … film où … monstre s'avance vers … jeune fille. − … lasso est … corde avec … nœud coulant. − Il existe encore … routes avec … pavés.

14 Recopie ces phrases en plaçant le déterminant **le, la, l'** ou **les** devant les noms.

… rougeole est une maladie assez grave, surtout chez … enfants. − … pompiers ont rapidement éteint … incendie de … maison. − Pour photographier … faisans, il faut se placer derrière … fourré. − … arbitre siffle … coup d'envoi de … partie. − Même s'il vit dans … mer, … dauphin n'est pas un poisson. − … éléphants et … buffles sont menacés par … braconniers. − … conditions de sécurité précisent que … ouvriers porteront un casque. − … architecte a dessiné … plans de … immeuble.

15 Recopie ces phrases en complétant avec le déterminant **un, une** ou **au**.

… jour, j'ai vu … cigogne s'installer sur … clocher. − … voiture ne doit pas stationner sur … passage protégé. − Tu as … téléphone avec … batterie rechargeable. − … joueur anglais participe … tournoi de tennis. − Il est fréquent de voir … actrice célèbre être filmée pour … publicité. − Le cirque donne … représentation devant … public nombreux. − … mécanicien est capable de changer … roue en dix minutes. − Le matin, je déjeune avec … verre de lait, … biscotte ou … croissant.

16 Recopie ces phrases en complétant avec le déterminant **le, la, l'** ou **du**.

… chanteur et … orchestre s'approchent … public. − … accident de … circulation paralyse … trafic. − … vie à … campagne est-elle plus agréable qu'à … ville ? − … vent souffle dans … vallée. − Après … orage, … boue recouvre … chemin. − … tunnel sous … Manche relie … France à … Angleterre. − Avant … dessert, je prendrais volontiers … fromage. − … bateau s'approche … port. − … matin, … facteur distribue … courrier.

17 Recopie ces phrases en complétant avec ces déterminants.

mon − ma − vos − son − sa − ses − nos − sa − vos − ma

Vous avez enfilé … chaussettes à l'envers ! − Le mécanicien a sorti … outils. − Je ne retrouve plus … règle. − Karim allume … téléphone portable. − Nous retrouvons … camarades sur le chemin de l'école. − Pauline reste dans … chambre pour écouter de la musique. − Qu'avez-vous fait pendant … dernières vacances ? − Chaque matin, je prends … petit déjeuner avec … sœur. − Gaëlle s'entend bien avec … monitrice de gymnastique.

Révisions : exercices 86 et 87, p. 32

Les adjectifs

une feuille blanche   une grande feuille   une grande feuille blanche

L'adjectif apporte une **précision à un nom**. Il appartient au groupe nominal.
- une feuille blanche – une feuille quadrillée – une feuille froissée

Il peut être placé **avant** ou **après** le nom.
- une feuille large – une large feuille

Il est **du même genre et du même nombre que le nom qu'il précise**.
- un papier blanc – une feuille blanche
  des papiers blancs – des feuilles blanches

Il peut parfois être séparé du nom par un mot ou un groupe de mots invariable.
- une feuille très blanche – une feuille tout à fait blanche

★ **18** **Recopie ces groupes nominaux et entoure les adjectifs.**

une place gratuite	un match palpitant	un sourire triste
un emplacement libre	un vaste parking	un objet fragile
un fromage mou	un ciel nuageux	une seule réponse
une longue histoire	un gros morceau	un bijou précieux
un regard perçant	un téléphone portable	une eau potable

★★ **19** **Recopie ces phrases en complétant avec l'adjectif qui convient.**

droites – verte – tranquille – secrets – annuelle – migrateurs – rapide –
saignante – prudents – salées

Toutes les classes de l'école participent à la kermesse … . – Je n'aime pas les frites trop … . – Vous vous reposez dans un coin … . – D'un geste …, le prestidigitateur a fait disparaître la colombe. – Aimez-vous la viande … ? – Je refuse de manger cette pomme … . – Les conducteurs … ralentissent lorsqu'ils entrent dans un village. – Pour tracer des lignes …, il vaut mieux utiliser une règle. – En hiver, les oiseaux … volent jusqu'en Afrique. – L'espion tente de déchiffrer les messages … .

★★ **20** **Recopie ces phrases en complétant avec les adjectifs qui conviennent.**

piétonnes – réservées – roulants – handicapées – glacée – parallèles – blessées

Ces fenêtres sont munies de volets… . – Les véhicules ne circulent pas dans les rues … . – Les droites … ne se rencontrent jamais ! – Nous dégustons une crème … . – Les pompiers secourent les personnes … . – Les personnes … ont des places … .

21 **Recopie ces phrases en supprimant les adjectifs.**

L'alpiniste audacieux gravit une paroi escarpée. — Le nageur débutant hésite avant de plonger dans l'eau froide. — L'habile mécanicien parvient à desserrer l'écrou avec une clé spéciale. — Nous avons passé un moment agréable au parc municipal. — Ce garçon timide rougit dès qu'on lui pose une question embarrassante. — Les personnes sportives empruntent l'escalier pour monter aux étages supérieurs. — Les joueurs remplaçants attendent tranquillement au bord du terrain. — La chatte gourmande dévore des yeux le bol de lait crémeux. — On respire avec difficulté dans une pièce surchauffée.

22 **Complète ces groupes nominaux avec l'adjectif qui convient.**

un virage … (peureux – malin – dangereux)
un appareil … (ménager – moisi – indifférent)
une formule … (marine – magique – intime)
un bal … (costumé – jaloux – énergique)
un homme … (aigu – célèbre – commercial)
un temps … (couvert – comble – alerte)
un plat … (clair – appétissant – aimable)
un drapeau … (varié – tricolore – travailleur)
un appartement … (jetable – limpide – luxueux)
des rues … (absentes – désertes – blondes)

23 **Transforme chaque groupe nominal avec un adjectif comme dans l'exemple. Attention à la place de l'adjectif !**

la **blancheur** d'un drap → un drap **blanc**

le confort d'un canapé
l'honnêteté d'une proposition
la rigueur d'un travail
la richesse d'un pays
la douceur d'une caresse
la cruauté d'un tigre

la beauté d'un tableau
la fatigue d'un coureur
l'absence d'un élève
la propreté d'une assiette
l'abondance d'une récolte
l'exactitude d'un résultat

24 **Transforme ces groupes de mots en gras en adjectif comme dans l'exemple. Attention à la place de l'adjectif !**

un pompier **qui a du courage** → un pompier **courageux**

un feuilleton **qui passionne**
une montagne **recouverte de neige**
un être **toujours en vie**
des textes **pleins de poésie**
une place **qu'il faut payer**
un bruit **qui n'est pas normal**
des clients **qui ont de la patience**

un plombier **qui débute**
une fumée **qui pollue**
un pays **situé en Afrique**
un joueur **qui a de la chance**
un gaz **qui paralyse**
un saut **qui met en péril**
une histoire **qui effraie**

Révisions : exercice 88, p. 32

13

Le groupe nominal

La petite chatte noire **s'endort** sur un coussin moelleux.

Règle

Le **groupe nominal** est un ensemble de mots organisé autour d'un nom principal, parfois appelé **nom noyau**, et d'un déterminant. Le nom et son déterminant sont des éléments essentiels qui ne peuvent pas être supprimés.

- Ce plat **régale** les invités.
- Ce plat savoureux **régale** les invités affamés.
- Ce dernier plat savoureux **régale** les nombreux invités affamés.

Les déterminants et les adjectifs **s'accordent en genre et en nombre avec le nom noyau**.

- le dernier plat
- les derniers plats
- la dernière tarte
- les dernières tartes

Attention ! Dans un groupe nominal, il peut y avoir des mots qui **ne s'accordent pas avec le nom noyau**.

- Ce plat de haricots **régale** les invités de dernière minute.
- Ces plats plutôt chauds **régalent** les invités.
- Le cuisinier **parle** avec les invités.

★ **25** **Recopie ces groupes nominaux et entoure les noms noyaux.**

la première page
un poids lourd
une large avenue
du bois mort
des chevreuils peureux
des fromages secs

des émissions passionnantes
des résultats exacts
des produits naturels
une riche décoration
une lourde valise
des roses fanées

★★ **26** **Recopie ces groupes nominaux et entoure les noms noyaux.**

des photographies en couleurs
un livre de cuisine
des maux de tête
une salade de tomates
des tasses à café
un manteau en cuir
un toit de chaume
une maison de campagne

un sirop contre la toux
la piste d'atterrissage
des œufs au plat
un moniteur de ski
un pain au chocolat
une tartine de beurre
un feu d'artifice
une pelle à gâteau

27 Recopie ces phrases et entoure les groupes nominaux.

Les jeunes enfants regardent un film comique. − Le jardinier ramasse les feuilles mortes. − Cet aliment a un goût désagréable. − Les skieurs débutants empruntent les pistes vertes. − Les villageois effrayés redoutaient les loups solitaires. − Un puissant bulldozer déblaie le terrain vague. − Les flamants roses se régalent de petites crevettes. − Le froid vif gâchera peut-être cette journée hivernale. − Des fruits secs accompagnent la salade d'endives. − Des braconniers inconscients massacrent les rhinocéros blancs.

28 Recopie ces phrases et entoure les groupes nominaux.

Les chevaux de course dorment dans les box de l'écurie. − Les crampons du lierre s'accrochent au mur de la façade. − Cette jeune fille porte des boucles d'oreilles. − Un groupe d'archéologues poursuit la recherche de vestiges. − Le magasin de meubles est ouvert tous les jours de la semaine. − Un tremblement de terre a ravagé le sud de l'Italie. − Les habitants de Narbonne assistent à un défilé de majorettes. − Les motards de la police encadrent un convoi exceptionnel. − Des comédiens amateurs jouent une pièce de théâtre. − Les crues de printemps ont inondé les champs de colza.

29 Recopie ces phrases en réduisant les groupes nominaux au seul nom noyau.

Le conducteur attentif respecte la signalisation lumineuse. − Ce malheureux naufragé a vécu sur une île déserte. − Les agriculteurs bretons attendent une importante récolte. − Les motards prudents portent des vêtements résistants et un casque intégral. − Réaliser cette jolie maquette exige un travail minutieux. − Un violent orage a ravagé le vignoble bordelais.

30 Recopie ces phrases en réduisant les groupes nominaux au seul nom noyau.

À l'arrivée de son cousin, Nelly pousse un cri de joie. − Un camion de déménagement stationne dans la cour de l'immeuble. − Le gardien de but marseillais réalise un plongeon spectaculaire. − Tes cousins germains te souhaitent un joyeux anniversaire. − Le toit du hangar est recouvert de tôle ondulée. − Les joueurs de rugby utilisent un ballon ovale.

31 Complète ces groupes nominaux avec les noms qui conviennent.

crème − trèfle − assiette − ciel − oiseaux − bulletin − coffre − trousseau − fauteuil − bougie − costume − forêt

un … nuageux et brumeux
une … à raser moussante
un confortable … à roulettes
un large … de voiture
un lourd … de clés
une jolie … parfumée

une … de sapins
un curieux … bariolé
d'étranges … nocturnes
un simple … à quatre feuilles
une petite … creuse
un bon … scolaire

Révisions : exercice 89, p. 33

5ᵉ Les pronoms sujets

Tu joues avec ta console pendant que nous regardons un dessin animé.

Règle

Pour les pronoms sujets, il y a **trois personnes du singulier et trois personnes du pluriel**.

- je marche → C'est **moi** qui fais l'action. → 1ʳᵉ pers. du sing.
- tu marches → C'est **toi** qui fais l'action. → 2ᵉ pers. du sing.
- il/elle/on marche → C'est **lui** (**elle**) qui fait l'action. → 3ᵉ pers. du sing.
- nous marchons → C'est **nous** qui faisons l'action. → 1ʳᵉ pers. du plur.
- vous marchez → C'est **vous** qui faites l'action. → 2ᵉ pers. du plur.
- ils/elles marchent → Ce sont **eux** (**elles**) qui font l'action.
  → 3ᵉ pers. du plur.

Je, tu, il, elle, on, nous, vous, ils, elles sont des **pronoms de conjugaison**.

Dans une phrase, le pronom sujet est le plus souvent placé **devant le verbe**.
- Tu marches.   Elles marchent.

Parfois, le pronom sujet peut être placé **après le verbe**.
- Marches-tu ?   Marchent-elles ?

Les **pronoms de la 3ᵉ personne** du singulier (**il/elle/on**) et du pluriel (**ils/elles**) remplacent très souvent un nom ou un groupe nominal.
- Manon marche. → Elle marche.
- Le piéton marche. → Il marche.
- Les promeneuses marchent. → Elles marchent.

★ **32** **Recopie ces phrases en complétant avec des pronoms sujets qui conviennent.**

… coupe ses ongles.   … finis ton dessert.
… coupent leurs ongles.   … finit son dessert.
… coupons nos ongles.   … finissez votre dessert.
… coupe mes ongles.   … finissons notre dessert.

★ **33** **Recopie ces phrases et entoure les pronoms sujets.**

Devant un tel spectacle, vous restez émerveillés. — J'ai renversé le pot de peinture. — Il prend soin de son violon. — Tu comptes sur tes doigts. — Sur la plage, on ramasse des coquillages. — Pendant la récréation, nous jouons sous le préau. — Devant tous ces produits, ils hésitent. — Sortirez-vous ce soir ?

★ 34 Recopie ces phrases en complétant avec des pronoms sujets qui conviennent.

Chaque soir, … plie mes vêtements avec beaucoup de soin. — … cherchez la sortie de secours. — … partages ton goûter avec ton camarade. — Ce matin, … a rasé sa moustache. — … contournons l'obstacle par la droite. — … ont une trompe et de longues défenses en ivoire. — … nourrissent leur enfant au lait maternel. — … choisit une robe bleue plutôt qu'une jupe noire. — … ouvre mon livre à la page 35. — … jouons avec nos robots articulés.

★★ 35 Recopie ces phrases en complétant avec des pronoms sujets qui conviennent.

Dans l'avion, … avons des places près de la cabine de pilotage. — À la cafétéria, prendrez-… de la salade ou un avocat ? — Es-… bien installée dans ton duvet ? — … demande un peu d'aide à ses amies. — Aurai-… le temps de terminer mon exercice ? — … pond des œufs énormes. — … est ouverte et … s'envolent ! — Pourquoi sont-… pleines de journaux publicitaires ?

★★ 36 Recopie ces phrases en remplaçant les groupes nominaux en gras par les pronoms sujets qui conviennent.

Les fauteuils sont recouverts de cuir. — **Le singe** fait des grimaces. — **Les roses** ont des épines. — **La pizza** est cuite à point. — **Un avion** atterrit malgré le brouillard. — **Les fruits** ne sont pas encore mûrs. — **La barque** s'éloigne du rivage. — **Des cartons** sont empilés dans un coin du garage. — **L'année** se termine le 31 décembre. — **Le lampadaire** éclaire une partie de la rue. — **Les vaches** nous donnent du lait. — **Le directeur** surveille la cour de récréation. — **Les abeilles** produisent du miel.

★★★ 37 Recopie ces phrases en remplaçant les groupes nominaux en gras par les pronoms sujets qui conviennent.

Le car de ramassage scolaire ne passera que dans quelques minutes. — **Les hommes préhistoriques** dessinaient des animaux dans les grottes. — **Samir et David** cherchent la solution du problème. — Que représentent **ces dessins** ? — **Les phares mal réglés** éblouissent les conducteurs. — **Ta sœur et toi** collectionnez les photos des chanteurs. — **La moquette tachée** devra être nettoyée. — Où vont **les hirondelles** ? — **Les vents violents** obligent les voiliers à faire demi-tour.

★★★ 38 Recopie ces phrases en remplaçant les pronoms sujets en gras par des groupes nominaux de ton choix.

Elles brillent dans le ciel de la nuit d'été. — **Elle** porte un collant rose et se déplace sur les pointes. — **Ils** sont réservés aux piétons. — **Il** s'approche tout doucement de la souris. — **Ils** s'envolent d'un battement d'ailes. — **Elles** doivent être apprises par cœur. — **Elle** a le plus long cou de tous les animaux. — **Il** sonne tous les matins à 7 heures. — **Elle** tombe à gros flocons. — **Ils** se collent sur les enveloppes.

Révisions : exercice 90, p. 33

Reconnaître le verbe

Mon frère joue aux échecs. Il affronte des adversaires redoutables.

Règle

Le **verbe** est l'**élément essentiel d'une phrase**. Il indique :
- une **action** : Le chat joue avec la pelote de laine.
- un **état** : Le chat est sur le lit.

Un verbe se compose d'un **radical** et d'une **terminaison** : donn-er.

Lorsque le verbe est **conjugué**, sa terminaison varie selon les **temps** et les **personnes**.
- Le chef de gare donne le signal du départ.
- Le chef de gare donnera le signal du départ.
- Vous donnez le signal du départ.

Lorsqu'il n'est pas conjugué, le verbe est à l'**infinitif**. C'est sous cette forme qu'il figure dans le dictionnaire.
- donner – finir – prendre – pouvoir – être – avoir – faire – dire…

★ **39** **Recopie ces phrases et encadre les verbes.**

Nous enregistrons un épisode du feuilleton. — Le mécanicien répare la voiture. — Les enfants déballent leurs cadeaux le jour de Noël. — Vous campez au bord de la mer. — Pourquoi n'admets-tu pas ton erreur ? — J'allume ma lampe de chevet. — Cette histoire plaît à tous les enfants. — Les spectateurs sortent en silence. — Vous contenez à peine un fou rire. — Le beurre fond dans la poêle.

★ **40** **Recopie uniquement les verbes à l'infinitif.**

rassurer — arbre — écarter — rire — acclamer — garage — résister — avec — traduire — prolonger — pour — remplir — table — mûrir — maison — bleu — bondir — démolir — rare — surgir — maintenant — cueillir — souvent — grand — suspendre — avenir

★★ **41** **Recopie ces phrases, entoure les verbes conjugués et souligne les verbes à l'infinitif.**

Les élèves doivent respecter le règlement scolaire. — Pour préserver la nature, on trie les déchets. — Le motard refuse de rouler sans casque. — J'apprends à jouer du saxophone. — Au sommet, les alpinistes respirent à pleins poumons. — Le mât de ce voilier vient de se briser en deux. — Des centaines de personnes souhaitent participer au loto de l'association. — Kamel avale un cachet d'aspirine pour calmer sa fièvre. — Il est difficile de transformer une citrouille en carrosse, sauf pour une fée !

42 Recopie ces phrases, encadre les verbes et donne leur infinitif.

Tu ⎡réagis⎤ à la moindre piqûre de moustique. → réagir

Vous calmez votre faim avec un biscuit. — Guillaume partage la tarte en huit morceaux. — La cuisinière verse doucement le lait sur la farine. — Les jeunes enfants chantent en canon. — Je renseigne les touristes égarés. — Ne mets pas les pieds dans la flaque d'eau. — Les joueurs obéissent aux consignes de l'entraîneur. — Avec cette clé, tu ouvriras la porte. — Le jardinier tond la pelouse. — Nous attendons le début du feuilleton.

43 Écris les verbes de la même famille que ces noms.

la punition → punir

la chanteuse	le rêve	la perte	la nourriture
l'interdiction	la correction	la sortie	la naissance
la vue	la baignade	la course	la parole
la fin	la neige	la pluie	la lecture
la peinture	l'adoption	l'indication	le retour
l'appel	l'intervention	le cri	le repos

44 Recopie ces phrases en complétant avec les verbes à l'infinitif qui conviennent.

atterrir – lutter – apprendre – pouvoir – gagner – entrer – amuser – réparer – terminer – acheter – visiter – boire – réussir

Tu viens de … une cuillère de sirop amer. — Les Français espèrent … la finale de la Coupe du monde. — Dimanche, toute la famille ira … les gorges du Verdon. — Comme Lucie travaille bien, elle mérite de … . — Je n'aime pas m'… tant que mon travail n'est pas fini. — Le brouillard ne permet pas à l'avion d'… . — Tu dois … ta leçon par cœur. — Je n'ose pas … dans cette pièce très sombre. — Les parents de Lou souhaitent … un nouvel appartement. — Akim veut … son exposé avant dix heures. — Le mécanicien craint de ne pas … … la voiture avant ce soir. — Il faut … contre le réchauffement climatique.

45 Recopie ces phrases en complétant avec les verbes conjugués qui conviennent.

paient – sursaute – regarde – part – amortit – invite – tient – laves – participe – visitent – nourrit

Marion … ses camarades pour son anniversaire. — Les élèves du CE2 … le musée de la Préhistoire. — Au premier bruit, la chatte … . — Les clients … leurs achats avec une carte bancaire. — La famille Delorme … en vacances au mois de juillet. — Toute la classe … au cross du quartier. — Fabien … son hamster avec des feuilles de salade. — Je … un dessin animé sur une chaîne de la TNT. — Un bon conducteur … son volant à deux mains. — Un filet de sécurité … la chute du trapéziste. — Tu te … les dents après chaque repas.

Révisions : exercice 91, p. 33

7ᵉ Reconnaître le sujet du verbe

Leçon

Les musiciens **prennent** soin de leur instrument.

Le **sujet** du verbe est un élément essentiel de la phrase (comme le verbe).
Il représente :
– la personne ou la chose qui fait l'action : Les ouvriers creusent une tranchée.
– la personne ou la chose dont on décrit l'état : La tranchée semble profonde.
Le sujet donne au verbe ses marques de **personne** et de **nombre**.

Il se place habituellement **devant** le verbe.
  • Vous creusez une tranchée. – Les ouvriers creusent une tranchée.

Le sujet peut être :
– un **nom propre** : Camille creuse une tranchée.
– un **groupe nominal** : Les ouvriers creusent une tranchée.
– un **pronom** : Tu creuses une tranchée.

Pour trouver le sujet du verbe, on peut :
– poser la question « Qui est-ce qui ? » ou « Qu'est-ce qui ? » devant le verbe ;
  • **Qui est-ce qui** creuse une tranchée ? → Camille

– encadrer le sujet par « C'est … qui » ou « Ce sont … qui ».
  • **C'est** Camille **qui** creuse une tranchée.

★ **46** **Recopie ces phrases et entoure le sujet des verbes en gras.**
Pose-toi la question Qui est-ce qui ? comme dans l'exemple.

Le caissier **rend** la monnaie aux clients.

Qui est-ce qui rend la monnaie aux clients ? → le caissier

L'avion **amorce** son atterrissage. — Les déménageurs **déplacent** difficilement
le piano. — Le clown **amuse** les enfants. — Le jardinier **plante** des pétunias. —
Les parachutistes n'**ont** pas peur du vide. — Les savants **déchiffrent** une écriture
mystérieuse. — L'acteur **connaît** son texte par cœur.

★ **47** **Recopie ces phrases et entoure les sujets des verbes en gras.**

La mer **attire** les touristes. — Les enfants **bâtissent** des châteaux de sable. —
La boulangerie **se trouve** au coin de la rue. — Vous **essuyez** les verres. — Je **passe**
l'aspirateur dans ma chambre. — Nous **irons** au parc d'attractions. — Tu **connais** le
prénom de tous tes camarades. — Brice **surmontera** sa peur.

48 Recopie ces phrases. Souligne les verbes et entoure les sujets.

Vous sursautez au moindre bruit. – Les autobus stationnent devant la gare routière. – Le supermarché ne fermera qu'à vingt heures. – Ta grand-mère tricote des pull-overs. – Je prends des photos avec mon portable. – Cette personne parle cinq langues. – Nous inscrivons notre nom sur la première page du cahier. – Le cavalier caresse l'encolure de son cheval. – Les cyclistes roulaient à vive allure. – Le film durera plus longtemps que prévu.

49 Recopie ces phrases. Souligne les verbes et entoure les sujets.

Les marmottes dorment tout l'hiver dans leur terrier. – Les jeunes enfants croient encore au Père Noël. – Le guide donne des explications aux visiteurs du musée. – La mariée porte une superbe robe blanche. – Ces portes s'ouvrent automatiquement. – Dans le désert, les dromadaires peuvent rester des journées sans boire. – Vous suivez toujours les conseils de vos parents. – Heureusement, le tremblement de terre n'a pas fait de victimes. – La vérité est préférable au mensonge. – La publicité interrompt parfois les émissions de télévision.

50 Recopie ces phrases en complétant avec les sujets qui conviennent.

Le moniteur – Le roi – Les éoliennes – Le jardinier – Sophie – Le train – Le bébé – Ces histoires – Tu – L'arbitre

… s'occupe de sa petite sœur. – … donne des conseils aux skieurs débutants. – … sont invraisemblables. – … arrose ses plantations de haricots. – … portait une couronne en or. – … secoue son hochet. – … gardes le secret pour toi. – … fournissent de l'électricité. – … entre en gare avec cinq minutes de retard. – … distribue un carton jaune au joueur coupable d'une faute.

51 Transforme ces phrases comme dans l'exemple.

Pierrick a sauté en parachute. → C'est Pierrick **qui** a sauté en parachute.

Margaux a découvert une fève dans la galette des rois. – Le comédien connaît parfaitement son texte. – Les planeurs tournoient au-dessus de la vallée. – Le public trépigne d'impatience en attendant le chanteur. – Lio consulte régulièrement son répondeur téléphonique. – Christophe Colomb a découvert l'Amérique. – Le photographe s'approche sans bruit des bouquetins. – Le gardien ferme le portail de l'immeuble.

52 Recopie ces phrases en complétant avec des sujets de ton choix.

… contrôlent la vitesse des voitures. – … permet de monter rapidement au dixième étage. – … transforme la citrouille en carrosse. – … notent leurs devoirs sur un carnet. – … poussent leur cocorico de bon matin. – … ne dépensons pas toutes nos économies. – … sont posés au pied du sapin de Noël. – … brandit son fouet devant les lions et les tigres. – … calmera ta toux. – … rangez vos livres et vos cahiers. – … délivre des médicaments. – … comporte quatre pièces, dont une cuisine aménagée. – … prend soin de son justaucorps et de ses chaussons.

Révisions : exercices 92 et 93, p. 33

8ᵉ

Leçon

La phrase simple :
le groupe sujet et le groupe verbal

Mon petit frère cherche des yaourts aux fruits.

groupe sujet   groupe verbal

Règle

Une **phrase simple** est formée de deux parties : le **groupe sujet** et le **groupe verbal**.

Le **groupe sujet** s'organise autour d'un **nom** ou d'un **pronom**.

Il désigne ce dont on parle. Il peut n'être constitué que d'un seul nom ou d'un seul pronom.

- Mon petit frère cherche des yaourts aux fruits.
- Mathieu cherche des yaourts aux fruits.
- Il cherche des yaourts aux fruits.

Le **groupe verbal** s'organise autour d'un **verbe conjugué**. Il permet de donner des renseignements sur le groupe sujet.

- Mon frère choisit un fromage frais.

Le groupe verbal peut n'être constitué que d'un seul verbe conjugué.

- Mon frère réfléchit.

★ **53** **Recopie ces phrases en complétant avec les groupes sujets qui conviennent.**

La calculatrice – Le vétérinaire – Les aventures de Cédric – Le voilier blanc – Les éléphants et les girafes – Vous – Quelques glaçons – Mélanie

… soigne les chiens et les chats malades. — … donne le résultat des opérations. — … refroidiront votre verre de grenadine. —… vivent en totale liberté. — … jette l'ancre. — … sauvegarde ses documents. — … écrivez de longs messages à vos amis. — … captivent les jeunes enfants.

★ **54** **Recopie ces phrases en complétant avec les groupes verbaux qui conviennent.**

présente un léger défaut – donne du goût à de nombreux plats – mesure quatre-vingts centimètres – sont tordues – avertissent les conducteurs – protège le hangar – entretiennent l'amitié

Un brin de persil … . — Les dents de la fourchette … . — Une bâche en plastique … . — Les petits cadeaux … . — Les panneaux placés le long des routes … . — La roue de secours … . — La diagonale de l'écran du téléviseur … .

55 Recopie ces phrases et encadre les groupes sujets.

Les campeurs allument un feu de bois. — L'eau de l'oasis permet l'irrigation des champs. — Une personne inconnue frappe à la porte. — Chaque élève choisit un livre ou un album de bande dessinée. — Raoul signe un chèque de cinquante euros. — Les chamois escaladent le flanc de la montagne. — Les robots de l'usine facilitent le travail des ouvriers. — La tonte régulière d'une pelouse favorise la repousse de l'herbe. — Les plongeurs sous-marins portent des combinaisons spéciales. — Jérémie fronce les sourcils. — Cette puissante voiture frôle la barrière de sécurité. — Le génial ingénieur perfectionne son invention. — Les serpents avalent des petits rongeurs. — Les élèves de la classe maternelle forment une ronde.

56 Recopie ces phrases et encadre les groupes verbaux.

Le train Paris-Brest est resté bloqué. — Nos voisins ont loué une caravane. — Le directeur de l'école surveille la sortie des élèves. — Nous correspondons avec une classe de Vendée. — Les agents de police règlent la circulation. — Tu adores les tartelettes aux fraises. — Les pluies de la fin du mois d'août ont rempli les réservoirs. — Le jardinier lutte contre les mauvaises herbes. — Je bois un grand verre de jus d'orange. — Les vacanciers utilisent une crème solaire. — Vous réglez la sonnerie du réveil. — Les égouts de la ville collectent les eaux usées de toutes les habitations.

57 Forme une phrase avec les mots de chaque ligne. Entoure le groupe sujet.

- sauce — salade. — prépare — la — Dominique — la — de
- enfants — fleurs — offrent — maman. — Les — des — à — leur
- sa — Le — gare — conducteur — voiture.
- hommes — leurs — Certains — cheveux. — perdent
- personne — ses — Une — plie — vêtements. — soigneuse
- peur — Les — enfants. — font — monstres — aux
- orties — démangeaisons. — provoquent — Les — des
- forts. — protégeaient — D'épaisses — châteaux — murailles — les

58 Forme une phrase avec les mots de chaque ligne. Entoure le groupe verbal.

- ôtez — de — Vous — chaussures — sport. — vos
- autruches — œufs — pondent — Les — des — énormes.
- professeur — devoirs. — corrige — Le — les
- spectateurs — des — Les — proposent — boissons — coureurs. — aux
- raconte — Grand-père — une — à — ses — histoire — petits-enfants.
- briques. — maçons — Les — mur — bâtissent — de — un
- d'oranges — bois — jus — pressées. — Je — un
- Les — feu — cuisent — doux. — à — légumes
- compliments — plaisir. — Les — toujours — font

Révisions : exercices 94, 95 et 96, p. 34

Grammaire

9ᵉ Leçon
Les compléments du verbe et les compléments de phrase

À l'arrivée de la course, le jockey caresse l'encolure de son cheval.
Complément de phrase   Complément du verbe

Règle

Les **compléments du verbe** appartiennent au groupe verbal.
Ils ne peuvent être ni déplacés, ni supprimés.
- Le téléphone permet d'envoyer des messages.
- Je prends des nouvelles de mes amis.

Dans une phrase, il est possible de trouver plusieurs compléments du verbe.
- Clément envoie des messages et des photographies à ses amis.
  1   2   3

Les **compléments de phrase** n'appartiennent ni au groupe verbal ni au groupe sujet. Ils apportent des précisions supplémentaires à la phrase.
- À la tombée de la nuit, les antilopes boivent au bord de la rivière.

Ils peuvent être déplacés ou supprimés sans modifier le sens de la phrase.
- Au bord de la rivière, les antilopes boivent à la tombée de la nuit.
- Les antilopes boivent au bord de la rivière.
- Les antilopes boivent à la tombée de la nuit.
- Les antilopes boivent.

★ **59** **Recopie ces phrases et encadre les compléments du verbe.**

Le boulanger prépare du pain de campagne. — Le plagiste ouvre les parasols. — Sandra déguste un sorbet au citron. — Le coureur résiste à la fatigue. — D'épaisses murailles protégeaient la cité de Carcassonne. — Anita consulte son répertoire téléphonique. — Certaines personnes croient aux fantômes. — Le vétérinaire soigne les animaux. — Les conducteurs respectent les limitations de vitesse. — Manuel pense à ses dernières vacances. — Le soleil succède à la pluie.

★ **60** **Recopie ces phrases et encadre les compléments de phrase.**

On a réintroduit des ours dans les Pyrénées. — Des élèves arrivent en retard. — L'avare a enterré ses pièces d'or au fond du jardin. — Au printemps, la nature revit. — Pour piloter une puissante moto, il faut passer un permis spécial. — Les bouteilles vides doivent être placées dans un conteneur spécifique. — Les légumes sont abondants à la belle saison. — Pour son anniversaire, Charles offre des fleurs à sa femme. — Un œuf à la coque reste dans l'eau bouillante pendant trois minutes.

61 Recopie ces phrases en complétant avec les compléments du verbe qui conviennent.

des lunettes – son adresse – une calculatrice – son chat – une épaisse fumée noire – aux clients – la plaie – un dessin animé – une pizza au jambon – l'arrivée d'un orage – l'aspirateur

Pour compter, tu peux utiliser … . – Ivan regarde … . – L'infirmière a nettoyé … . – Ces vêtements de sport plaisent … . – Pour lire, je porte … . – Le volcan crache … . – L'agriculteur redoute … . – La personne chargée du nettoyage de la salle passe … . – Arthur caresse … . – À la cafétéria, Bertrand commande … . – Grâce à des heures d'entraînement, ce basketteur améliore … .

62 Recopie ces phrases en complétant avec les compléments de phrase qui conviennent.

dans la cocotte – pendant les vacances – rarement – le 23 avril – de sa cabine – en fin de soirée – au distributeur automatique – dans leur terrier – tout à coup – au Portugal – dans la machine à laver – toutes les semaines

Le conducteur du TGV descend … . – Dominique place le linge … . – M. Bozon tond sa pelouse … . – Le civet de lapin mijote … . – Victor s'énerve … . – … , tu peux aller sur Internet. – Romain aura neuf ans … . – Le ciel s'assombrit … . – … , la famille Legrand partira … . – Tu retires de l'argent … . – Jusqu'au printemps, les marmottes dorment … .

63 Recopie ces phrases en déplaçant les compléments de phrase.

Medhi lace ses chaussures avant d'entrer sur le terrain. – Chaque soir, Mme Grandin verrouille sa porte. – Pour fixer la prise, l'électricien utilise un petit tournevis. – Les coureurs s'élancent au coup de pistolet. – Lors de la séance de lecture, le directeur est entré. – Mathias est tombé pendant la récréation. – Le frère de Simon a trouvé du travail dès sa sortie du lycée. – Au temps des hommes préhistoriques, on ne connaissait pas l'écriture. – Nous nous sommes rencontrés au cours d'une promenade. – Le soir du 14 Juillet, on pourra admirer le feu d'artifice.

64 Recopie ces phrases, encadre les compléments du verbe et souligne les compléments de phrase.

Nous inscrivons notre nom en haut de la page. – Jordi découvre un lézard sous un rocher. – À la fin de la nuit, la chèvre de M. Seguin se battit contre le loup. – Christophe Colomb a découvert l'Amérique par hasard. – Chaque été, les habitants de ce village fleurissent leurs balcons. – Tu remplaces immédiatement les piles de la télécommande. – Sandrine envoie un SMS à sa meilleure amie. – Le professeur promet une récompense aux meilleurs élèves. – Chacun attend son tour derrière la barrière de sécurité. – Le policier arrête le voleur dans l'escalier de l'immeuble. – Devant tous ces desserts, le gourmand cède à la tentation. – Aurélien a annulé sa commande au dernier moment. – Les deux campeurs dressent leur tente à la lisière de la forêt.

Révisions : exercices 97 et 98, pp. 34-35

La ponctuation

Une nouvelle autoroute est en construction.

Règle

Un texte est composé de plusieurs phrases (parfois d'une seule).

Une phrase est un ensemble de mots qui a un sens. Elle débute par une **lettre majuscule** et se termine par un **point**. En général, il y a au moins un **verbe** dans chaque phrase.
- Les travaux débuteront dès demain.

Dans une phrase, des **signes de ponctuation** peuvent séparer les groupes de mots. Le plus utilisé est la **virgule**.
- Dès qu'il sera prêt, il téléphonera aux chauffeurs.

Quand on lit une phrase à voix haute, le découpage des mots n'est pas le même qu'à l'écrit car on rencontre des **apostrophes** et on fait des **liaisons**.
- Quand il aura l'autorisation d'avancer, le camion s'approchera.

★ **65** **Remets ces mots dans l'ordre pour former des phrases.**
- Superman — des exploits. — accomplit
- étroites. — vieille ville — Les rues — de la — sont
- Les ouvriers — de l'ascenseur. — le fonctionnement — vérifient
- au Japon. — Le sumo — très populaire — est un sport
- une histoire — racontes — à ta petite sœur. — Tu
- permet — Le trampoline — très haut. — de rebondir
- changent — les ampoules — Les électriciens — des lampadaires.
- a fait — Le skieur — dans la descente. — une chute
- possède — laitières. — L'éleveur — de vaches — un troupeau

★ **66** **Recopie et sépare ces mots pour faire des phrases.**
Patriciainstalleunlogicieldejeuxsursonordinateur.
Lesélèvesorganisentunjeudepisteàtraverslequartier.
Lesinfirmièressedévouentsanscompterpoursoulagerlesmalades.
Ledauphinestunanimalmarin,maiscen'estpasunpoisson.
Lesmauvaisesherbesenvahissentlapelouseduparcmunicipal.
Ilnefautjamaisfranchirlaligneblanchecontinue.
Lesfeuxtricoloresducarrefournefonctionnentplus.
Letrappeurdélivreunpetitrenardprisaupiège.

★ 67 **Recopie en ajoutant les points et les majuscules pour faire des phrases.**

le facteur glisse les enveloppes dans les boîtes aux lettres — la musique est un langage universel que les jeunes apprécient — les rois et les princes vivaient dans des palais — le peintre nettoie ses pinceaux avec le plus grand soin — la blessure était sans gravité — en lisant la notice, on peut monter la bibliothèque — je pousse la porte du vestiaire et je pose mon sac

★ 68 **Recopie ces phrases en complétant avec le verbe qui convient.**

justifies – innocentent – bavardent – présente – représentaient – programmez – enfonce – répond

Les vitraux des cathédrales … souvent des scènes de la vie quotidienne. — Avec ce lourd marteau, Camille … tous les clous. — Damien … au téléphone dès la première sonnerie. — Tu … ton retard en invoquant un énorme embouteillage. — Le garagiste … la facture de la réparation au client. — Les analyses de sang … la personne qu'on croyait coupable. — Les anciens du village … sur les bancs de la place. — Vous … l'enregistrement d'une émission de variétés.

★ 69 **Recopie ces phrases en plaçant correctement la virgule oubliée.**

Avec ce médicament votre mal de dents disparaîtra. — Cet hiver la neige n'est tombée qu'en petite quantité. — Olivia prépare la sauce avec de l'huile de la moutarde et du vinaigre. — Sur mes gaufres j'étale de la confiture de fraises. — Pour obtenir un gazon vert il faut l'arroser souvent. — Avec une calculatrice on peut effectuer des opérations très compliquées. — Du troisième étage de la tour Eiffel la vue sur Paris est magnifique. — Lorsque le feu passe au vert les motos s'élancent les premières.

★ 70 **Recopie ces phrases en plaçant les apostrophes qui conviennent.**

Laliment principal des nourrissons, cest le lait maternel. — Lalpiniste saffaiblit dheure en heure, car il ne sest pas suffisamment reposé. — Lascenseur nous conduit jusquau dixième étage. — Le directeur de lécole sabsente pour aller à la mairie. — Le proverbe prétend que la parole est dargent mais que le silence est dor. — Vous napercevez plus les obstacles à cause de lobscurité. — Lorsquil souvre, le portail grince. — Lespoir de retrouver léquilibre après une telle glissade est bien mince.

★ 71 **Recopie ces phrases en remplaçant certaines voyelles par des apostrophes pour que la phrase soit correcte.**

Harold connaît quelque un qui travaille à la usine de ameublement. — Puisque il fait beau, je ne ai pas besoin de prendre un parapluie. — Le anglais est une langue qui se apprend assez facilement. — La horloge indique que il est dix heures. — La sœur de Anita se est mariée à le âge de vingt ans. — Cette année, le hiver est très long ; on ne en voit pas la fin. — Hier soir, je ai regardé un film de aventures. — Tu te installes devant le écran et tu te énerves, car le document ne se affiche pas.

Révisions : exercice 99, p. 35

Les différents types de phrases

Tu fermes la porte à clé.   Fermes-tu la porte à clé ?
La porte est fermée à clé !   Ferme la porte à clé !

Règle

La **phrase déclarative** est la phrase la plus courante. À l'écrit, elle se termine par un point. À l'oral, le ton de la voix descend en fin de phrase.
- Marita présente sa dernière chanson.

La **phrase interrogative** permet de poser une question. À l'écrit, elle se termine par un point d'interrogation. À l'oral, le ton de la voix monte en fin de phrase.
- Connais-tu la dernière chanson de Marita ?

Elle peut débuter par l'expression « Est-ce que … ? ».
- Est-ce que tu connais la dernière chanson de Marita ?

La **phrase exclamative** exprime un sentiment fort ou violent. Elle se termine par un point d'exclamation.
- J'écoute la dernière chanson de Marita : quel plaisir !

La **phrase impérative** exprime un ordre ou un conseil. Elle peut se terminer par un point d'exclamation ou un point ordinaire. Elle n'a pas de sujet exprimé.
- Écoute bien la dernière chanson de Marita !
- Écoute la dernière chanson de Marita.

★ **72** **Recopie ces phrases et indique de quel type de phrase il s'agit.**

Répondez immédiatement à ce SMS ! — Est-ce que vous correspondez avec des élèves anglais ? — Nous introduisons une pièce d'un euro dans le distributeur. — Suis les instructions de la notice. — La circulation est-elle interdite dans cette rue ? — Clique sur « Validation ». — Lionel feuillette un magazine en attendant son tour. — Pourquoi les arbres perdent-ils leurs feuilles ?

★ **73** **Recopie ces phrases en complétant avec un point d'interrogation ou un point d'exclamation.**

Où as-tu acheté cette console … — Bastien vient de marquer : quel magnifique but … — Ces livres sont-ils illustrés … — Comme cet appartement bénéficie d'une vue exceptionnelle … — Est-ce que les baguettes de pain sont cuites … — Ce coureur a battu le record du monde : c'est incroyable … — Désolé, il n'y a plus une seule place de libre … — Réussirons-nous à résoudre ce rébus …

74 Transforme ces phrases déclaratives en phrases interrogatives comme dans l'exemple.

Les autobus circulent le dimanche. → Les autobus circulent-ils le dimanche ?

Les calculatrices donnent des résultats exacts. — Rachel rejoint ses amies à la piscine. — Les spectateurs applaudissent à tout rompre. — Nous vivrons des moments inoubliables. — Les cyclones détruiront toutes les habitations en bois. — Vous avancerez de six cases en une seule fois. — Le parachutiste descend en chute libre. — Tu recopies ton devoir avant de le rendre au professeur. — Les cicatrices disparaîtront dans quelques mois. — J'apercevrai le chamois avec ces jumelles. — Les commerçants vendent ces vêtements d'hiver en solde.

75 Transforme ces phrases déclaratives en phrases interrogatives avec l'expression Est-ce que … ?.

Le supermarché est ouvert jusqu'à vingt-deux heures.
→ **Est-ce que** le supermarché est ouvert jusqu'à vingt-deux heures ?

Cette maison est isolée contre le froid. — Vous êtes vaccinés contre la poliomyélite. — Tu échangerais tes images de footballeurs contre un ballon en caoutchouc. — Les élèves présenteront leur travail à la maîtresse. — La grue pourra déplacer cette cuve à mazout. — L'arbitre interrompra la partie à cause du brouillard. — Les cigognes regagnent l'Afrique en automne. — Les riverains se plaignent du bruit du TGV.

76 Recopie ces phrases exclamatives en complétant avec les mots suivants.

quelle – comme – quels – quel – quelles – vive – que

… demandent les clientes à la vendeuse ? — … cet exercice de mathématiques est difficile ! — … chance de partir en classe de neige ! — Ce chocolat, … goût exquis ! — … les vacances, car nous faisons la grasse matinée ! — Vraiment, … photographies saisissantes ! — … sont les ponts que peuvent emprunter les poids lourds ?

77 Transforme ces phrases déclaratives en phrases interrogatives avec les mots suivants. L'interrogation portera sur le groupe de mots en gras.

Marco Tanzilli se rend **en Italie**. → **Où** Marco Tanzilli se rend-il ?

que – combien – avec quoi – sur quel – pourquoi – qui – quand – sur quelle – où – dans combien de temps

Kamel a économisé **trente euros** pour s'acheter un jeu vidéo. — Au Moyen Âge, les seigneurs vivaient **dans leur donjon**. — Les oiseaux volent **parce qu'ils ont des ailes**. — **Mercredi**, vous allez à l'école de musique. — La récréation sera finie **dans un quart d'heure**. — **Le mécanicien** a changé la roue du camion en quelques minutes. — Pour cueillir les cerises, Flavien va utiliser **un escabeau ou une échelle**. — Cet avion atterrit **sur la piste n° 3 de Roissy**. — Tu as choisi de miser **sur le numéro 8**. — Le bûcheron abat le chêne centenaire **avec une tronçonneuse**.

Révisions : exercice 100, p. 35

La phrase affirmative et la phrase négative

Comme tu portes des chaussures neuves, tu ne marches pas dans la boue.

Règle

La **phrase négative s'oppose** à la **phrase affirmative**.
- Tu portes des chaussures neuves. → Tu ne portes pas de chaussures neuves.
- Tu marches dans la boue.   → Tu ne marches pas dans la boue.

La **négation** est composée de deux mots qui encadrent le verbe.
- Tu ne marches plus dans la boue.   Tu ne marches jamais dans la boue.
- Tu ne marches guère dans la boue.   Tu ne marches que dans la boue.

Devant une voyelle ou un « h » muet, **ne** se transforme en **n'**.
- La voiture n'accélère pas.   Mazarine n'habite plus à Paris.

★ **78** **Recopie ces phrases et indique, pour chacune, si elle est affirmative ou négative.**

Je ne vois rien sans lunettes. → phrase négative

Charlotte ne peut plus parler. — Les erreurs du texte sont toutes corrigées. — Vous ne lisez guère d'albums de bande dessinée. — Pourquoi ne sens-tu pas la bonne odeur du caramel ? — Ce casque protège efficacement le motard. — Aucun des mots de cette phrase n'est souligné. — Le cascadeur ne prend aucun risque. — Avec de l'entraînement, tu progresseras rapidement. — Le sol est sec ; une pluie de plusieurs jours serait la bienvenue. — Ces explications ne nous ont guère convaincus. — Le feu de forêt a détruit la pinède : un vrai désastre.

★ **79** **Recopie ces phrases et encadre les mots qui composent la négation.**

Les films français ne sont que trop rarement diffusés aux États-Unis. — On ne gagnera pas au Loto si on ne joue jamais. — Les parapluies ne sont guère efficaces quand il y a beaucoup de vent. — Certains noms propres ne sont pas faciles à épeler. — Benjamin ne cherche plus son stylo ; il l'a trouvé sous son bureau. — Si nous ne courons pas, jamais nous n'arriverons à l'heure. — Personne ne peut se baigner dans une eau aussi froide. — Aurélien n'a pas encore enregistré son texte. — Les voitures ne stationnent que rarement sur ces emplacements. — Comment voulez-vous apercevoir le sommet de la montagne si vous n'avez pas de jumelles ? — Le veilleur de nuit a terminé sa ronde ; il n'a rien à signaler. — Il y a longtemps que les moissons ne sont plus réalisées à la faux. — Cet emballage nous garantit que l'appareil n'a pas subi de choc.

80 **Transforme ces phrases négatives en phrases affirmatives.**

Je ne me suis pas servi de ma règle pour tracer les traits. — Le portail de l'école n'est jamais fermé avant neuf heures. — Les vitrines n'attirent guère les passants. — Nous ne rangeons pas les livres de la bibliothèque. — Les poissons ne sont guère à l'aise dans cet aquarium. — Autrefois, la télévision n'était qu'en noir et blanc. — Les autoroutes ne traversent pas les grandes villes. — Il n'y a aucun noyau à l'intérieur des abricots. — Les élèves n'écoutent pas la maîtresse. — À la fin du match, les supporters n'envahissent jamais le terrain pour féliciter l'équipe victorieuse.

81 **Transforme ces phrases affirmatives en phrases négatives avec ne ... pas ou n'... pas.**

Le soleil perce la couche de nuages. — Les murs de ce château fort sont tombés en ruine. — Les clients poussent leur chariot devant les caisses. — Les vrais marins ont le mal de mer. — Maud porte une queue-de-cheval. — La famille Garcia déménagera avant le mois de juin. — Nicolas chante tout à fait juste. — Vous prenez votre repas en regardant la télévision. — Toutes les pièces du château de Versailles sont ouvertes au public. — Les spaghettis sont accompagnés de sauce tomate. — Le pharmacien vend des médicaments aux enfants. — Les voitures stationnent sur les trottoirs. — Je trouve facilement l'arrêt de l'autobus.

82 **Recopie ces phrases en complétant avec les mots invariables suivants. Plusieurs réponses sont possibles.**

n' ... pas – n' ... guère – ne ... plus – ne ... jamais – ne ... que – ne ... aucune – ne ... rien – ne ... aucun – ne ... pas

Il ... y a ... qu'un énorme sandwich qui puisse calmer ma faim. — On ... saura ... qui se cachait derrière le Masque de fer ! — Il ... restait ... place disponible au premier rang. — Thierry ... dira ... qui fasse de la peine à ses camarades. — Aujourd'hui, on ... se déplace ... en diligence, mais en autobus ou en train. — Le jardinier ... ramasse ... les tomates qui sont vraiment mûres. — Le médecin ... hésite ... à faire une piqûre au malade. — Cette odeur est tenace ; elle ... disparaîtra ... . — Gaspard ... dévoilera ... des secrets qui lui sont confiés.

83 **Transforme ces phrases comme dans l'exemple.**

Il aime la lecture et le cinéma. → Il **n'**aime **ni** la lecture **ni** le cinéma.

Je connais Pékin et Tokyo. — Anaïs repasse les serviettes et les draps. — Tu retiens les paroles et la musique de cette chanson. — Sur cette île, il y a des palmiers et des pins parasols. — Vanessa ferme les fenêtres et les volets. — Ces aliments contiennent des colorants et des conservateurs. — M. Defay porte une moustache et une barbe. — Pour aller à la mairie, tu empruntes la rue Carnot et la rue Royale. — Frida déplace le fauteuil et le canapé. — Alexis emporte une bouteille d'eau et des barres de céréales. — Lucas apprivoise une couleuvre et un lézard vert. — Au milieu de tous ces nuages, je vois la lune et les étoiles.

Révisions : exercice 101, p. 35

84 **Recopie ces phrases et encadre les noms.**

Vous êtes vaccinés contre la grippe. — Tu obtiens des renseignements en téléphonant à la mairie. — Les sangliers ont disparu dans les taillis. — Il faudra remplacer les cordes cassées de la guitare. — Le début du film m'a plu, et je suis resté devant l'écran sans pouvoir le quitter des yeux. — Lorsqu'il est assis à l'avant d'une voiture, Sandy a mal au cœur. — Attends-moi, j'arrive dans un instant. — Je ne sais pas où tu as trouvé ce nouveau jeu de société. — Claudine est une future championne de judo. — Manuel a oublié de fermer les fenêtres de sa chambre.   *Voir leçon 1*

85 **Associe à chaque nom commun un nom propre qui lui correspond.**

Noms communs : un chien — un pays — une ville — une montagne — un océan — une région — un fleuve — un prénom — un poète — un musicien — un héros
Noms propres : la Chine — Superman — les Alpes — l'Atlantique — Karine — Marseille — Prévert — Milou — la Lorraine — Mozart — la Loire   *Voir leçon 1*

86 **Place le déterminant un ou une seulement devant les noms.**

… asseoir	… voix	… œil	… relire
… usage	… maigrir	… wagon	… comprendre
… poche	… racine	… souligner	… souvent
… muscle	… gravure	… quand	… obstacle
… celui	… imprudence	… lequel	… fouet
… vous	… appétissant	… geste	*Voir leçon 2*

87 **Recopie en complétant avec le déterminant un, une ou des devant ces noms.**

… genoux	… chaîne	… gouttes	… tissus
… colonne	… couronne	… concert	… souffle
… boîtes	… trajet	… réveil	… diamant
… trottoir	… casseroles	… cheveux	… traces
… difficulté	… ciseaux	… crème	… chapeau
… enveloppes	… ressort	… cygne	*Voir leçon 2*

88 **Recopie ces phrases et entoure les adjectifs.**

Nous regardons un match palpitant à la télévision. — Ce célèbre acteur habite en Angleterre. — Les nombreux spectateurs applaudissent leur équipe favorite. — Les pirates avaient enterré un fabuleux trésor. — Angélique ne se nourrit qu'avec des produits naturels. — Cette histoire drôle plaît aux jeunes enfants. — Surtout, ne touche pas à cette casserole brûlante ! — De courageux pompiers ont éteint le violent incendie. — On ne peut pas boire ce bol de lait trop chaud. — Un drapeau tricolore flotte au sommet du mât. — Les enfants timides n'osent pas prendre la parole.

Voir leçon 3

89 **Recopie ces groupes nominaux et entoure les noms noyaux.**

une nouvelle voiture de sport

un film d'aventures palpitant

une immense antenne parabolique

un gant de toilette mouillé

de magnifiques bijoux en argent

une large ceinture dorée

un plein carton de documents

une escalope de veau panée

des côtés parallèles et égaux

des petits poissons d'eau douce

un vaste champ de maïs

une courte jupe plissée   **Voir leçon 4**

90 **Recopie ces phrases en remplaçant les pronoms sujets en gras par des groupes nominaux de ton choix.**

Il hisse la voile. — **Ils** portaient des armures. — **Elle** a recouvert les rochers. — **Elles** sont fermées le samedi après-midi. — **Il** offre un refuge aux bateaux lors des tempêtes. — **Ils** travaillaient les champs pour le seigneur. — **Elle** permet de capter des dizaines de chaînes de télévision. — **Elles** grillent sur le barbecue. — **Il** s'installe devant son chevalet et prend ses pinceaux. — **Ils** permettent aux bouchers de découper la viande.   **Voir leçon 5**

91 **Recopie ces phrases et encadre les verbes.**

Karim reverra le feuilleton ce soir. — La serveuse apporte un plateau de fruits de mer. — Un épais tapis recouvre le sol de l'entrée. — Mme Rubio promène sa chienne. — Alice adore les récits de voyage. — Tu sors une bouteille de lait du réfrigérateur. — Ni le vent ni la pluie ne ralentissent la marche du groupe. — Le contrôleur indique leur place aux voyageurs. — La capitaine de l'équipe porte un brassard orange. — Le frère de Dimitri travaille dans un bureau.   **Voir leçon 6**

92 **Recopie ces phrases et encadre le sujet.**

Les écureuils adorent les noisettes. — La mer recouvre les rochers. — Tu aimes jouer aux billes. — En été, les fleurs poussent sur les flancs de la colline. — Les moustiques piquent seulement le soir venu. — À minuit, les fantômes se promènent dans les ruines du château fort. — Cet immeuble compte dix-huit étages. — L'avion décolle dans un bruit d'enfer. — La petite route longe un ravin. — Nous terminons notre travail avant d'aller en récréation. — Les machines agricoles facilitent le travail des hommes. — Elle pèle toujours les fruits avant de les manger.   **Voir leçon 7**

93 **Recopie ces phrases, souligne les verbes et entoure les sujets.**

La fusée emporte un satellite dans l'espace. — Les joueurs se serrent la main à la fin de la partie. — Le passager dépose ses bagages sur un chariot. — Emma ne se séparera jamais de sa collection de poupées. — Les ouvriers font une pause pour déjeuner. — La chauve-souris se dirige très bien, même dans le noir. — Je trace des cercles avec un compas. — Les Anglais boivent souvent leur thé avec un peu de lait. — Rudy ajoute un peu de piment dans son assiette de couscous. — Ce commerçant a vendu tout son stock de vêtements.   **Voir leçon 7**

94 **Recopie ces phrases, entoure les groupes sujet et souligne les groupes verbaux.**

Les clients attendent leur tour. — Les flammes lèchent le fond de la casserole. — Le pêcheur attrape un brochet et une tanche. — Les élèves de la classe de CE2 rangent leurs affaires. — Nos amis disputent une nouvelle partie de petits chevaux. — Le merle et le rouge-gorge font leur nid. — Notre voisin nous propose une promenade en mer. — La tornade a renversé un panneau publicitaire. — Les rugissements de la lionne effraient les gazelles. — Les castors construisent des barrages. — Nous avons retrouvé notre chemin. — Les campeurs ont allumé un grand feu de bois. — Le médecin examine le malade. — Le bijoutier change la pile de ta montre. — Les musiciens suivent les gestes du chef d'orchestre.   **Voir leçon 8**

95 **Recopie ces phrases en complétant avec un groupe sujet de ton choix.**

… aime jouer avec une pelote de laine. — … s'installent sur les gradins du stade. — … coupes tes ongles. — … recouvre la table de la salle à manger. — … prépare des petits plats. — … répondent à toutes les questions. — … ranges tes vêtements dans une valise. — … lisez à haute voix. — … protègent les arbres du verger. — … renverse toutes les quilles. — … fêtons l'anniversaire de Caroline. — … manifestes ta joie en poussant des cris. — … apprends ma poésie par cœur.   **Voir leçon 8**

96 **Recopie ces phrases en complétant avec un groupe verbal de ton choix.**

Le héros de ce feuilleton … . — La mine de ce crayon … . — La grue du chantier … . — Le maire de la commune … . — Un gigantesque feu de forêt … . — Le Petit Poucet … . — Le chiffre des dizaines … . — Les allées de la galerie marchande … . — Les marins pêcheurs … . — Florian … . — Le bonhomme de neige … . — Les coussins du canapé … . — Cet énorme camion … . — Le téléphérique de l'aiguille du Midi … .   **Voir leçon 8**

97 **Remets ces mots dans l'ordre pour former des phrases. Puis, entoure seulement les compléments de phrase.**

• une guirlande — pose — Je — sur le sapin.
• Brice — le car de ramassage scolaire — prend — chaque matin.
• sort — Le magicien — de sa manche. — une colombe
• les tableaux. — admirent — Au musée, — les visiteurs
• son permis de conduire — La sœur de Céline — pour la deuxième fois. — passe
• des emplacements réservés — sur ce parking. — ont — Les personnes handicapées
• un message. — transmet — un espion — En grand secret,
• pour la kermesse de l'école. — Nous — des lots – avons préparé
• le chef d'équipe — une pause — À midi, — aux ouvriers du chantier. — accorde

Voir leçon 9

98 Remets ces mots dans l'ordre pour former des phrases. Puis, entoure seulement les compléments du verbe.

• le – médaille d'or. – À l'arrivée, – reçoit – une – vainqueur
• leur – Dans les tribunes, – encouragent – les supporters – équipe.
• bottes – porte – Le cavalier – cuir. – des – en
• les femmes – Aujourd'hui, – tous – métiers. – exercent – les
• les – de l'herbe. – Dans les – vaches – mangent – prés,
• le train – Nous – le quai. – attendons – sur
• Pour – tu – effacer – prends – les – une gomme. – traits,
• trouve – Dans les – on – haricots verts, – parfois – fils. – des   **Voir leçon 9**

99 Remets ces mots dans l'ordre pour former des phrases.

• animaux – Certains – mal – captivité. – vivent – en
• la – est – vilain – curiosité – défaut. – dit – On – que – un
• lu – Candice – la – de – a – moitié – déjà – livre. – son
• lapins – chapeau. – magicien – Ce – des – son – de – sort
• étui. – lunettes – Lucas – ses – leur – range – dans
• change – téléphone. – Isabelle – son – la – de – sonnerie
• poney. – l'équitation – Félix – sur – pratique – un
• perroquets – oiseaux – coloré. – Les – sont – au – des – plumage
• flotte – sommet – mât. – Un – du – au – drapeau
• diriger – Le – permet – gouvernail – de – bateau. – un   **Voir leçon 10**

100 Recopie ces phrases en y plaçant un point d'interrogation ou un point d'exclamation.

Reste-t-il des places pour le prochain concert de Zelma … – Pourquoi n'irons-nous pas au cinéma … – Si tu ne veux pas être en retard, dépêche-toi … – Faites moins de bruit … – Quelle est la marque de ton téléphone … – Il fait froid ; surtout ne sors pas sans ta doudoune … – Ces couteaux sont-ils bien aiguisés … – Nous avons visité la tour Eiffel : quelle merveille … – Où se trouve la ville de Lisbonne … – Je n'ai jamais vu une citrouille si grosse … – Dans quelle région se trouve la presqu'île de Quiberon …   **Voir leçon 11**

101 Transforme ces phrases négatives en phrases affirmatives.

Cette émission n'est pas intéressante. – Le parking de la gare n'est pas complet. – Les lampadaires du boulevard ne sont pas allumés. – Ce garçon n'apprend pas à jouer de la guitare. – Un bon cavalier ne prend pas soin de sa monture. – D'épaisses murailles ne protégeaient pas les châteaux forts. – Dans cette rue, il n'y a pas de trottoirs assez larges. – Le chien affectueux ne lèche pas la main de son maître. – Les conducteurs ne respectent pas la signalisation. – Il ne reste qu'une mince couche de neige sur la piste bleue. – Les guêpes ne sont pas attirées par le pot de confiture. – Cet outil ne convient pas pour resserrer les boulons.   **Voir leçon 12**

• Orthographe •

Le genre des noms

Cette nageuse a fait un meilleur temps sur 100 mètres brasse que ce nageur pourtant bien entraîné.

Règle

Le **féminin des noms** d'êtres animés se forme généralement en ajoutant un **e** au nom masculin.

Si le nom masculin se termine déjà par un **e**, on place simplement un **article féminin** devant le nom.

- le cousin → la cousine
- un ministre → une ministre
- un blond → une blonde
- un élève → une élève

La **terminaison** du nom masculin est **quelquefois modifiée** pour former le nom féminin.

- un ouvrier → une ouvrière
- le directeur → la directrice
- un fugitif → une fugitive
- un muet → une muette
- le chien → la chienne
- un patineur → une patineuse
- un malheureux → une malheureuse
- le prince → la princesse

Parfois, le nom féminin est **différent** du nom masculin.

- un mouton → une brebis
- un coq → une poule

★ **102** Recopie ces phrases en complétant avec les noms féminins qui conviennent.

candidates – commerçante – employées – figurantes – habitantes – inconnue

Le metteur en scène demande aux ... d'observer le plus grand silence. – Les ... de cette usine emballent des appareils ménagers. – Une ... pénètre dans les locaux du laboratoire ; personne ne sait ce qu'elle fait là. – Les ... du quartier ont décidé de se réunir pour fêter l'arrivée du printemps. – Une ... doit toujours avoir le sourire si elle veut vendre ses produits. – Les ... au concours de beauté se sont longuement maquillées.

★ **103** Écris le féminin de ces noms.

un voisin	un étudiant	un ami	un secrétaire	un enfant
un idiot	un bourgeois	un saint	un marchand	un invité
un brun	un concurrent	un perdant	un ennemi	un lapin
un gagnant	un client	un orphelin	un marié	un habitué
un châtelain	un camarade	un avocat	un remplaçant	un absent

104 Recopie ces phrases en complétant avec les noms féminins suivants.

informaticienne – paysanne – comédienne – pharmacienne – chienne – collégiennes – championne – musicienne – lionne

Je présente mon ordonnance à la … qui me délivre les médicaments. – Les … ont beaucoup plus de devoirs que nous. – La gazelle bondit pour échapper à la … . – L'… a réussi à rétablir la connexion avec Internet. – À la campagne, Mme Durand achète ses légumes à une … . – Amandine est une … de talent dans un orchestre. – Les caprices de la … agacent tout le personnel du théâtre. – La … du monde du saut à la perche reçoit une médaille d'or. – La … tire sur sa laisse.

105 Écris le masculin de ces noms.

une lycéenne	une baronne	une patronne	une chatte
une cadette	une sotte	une espionne	une technicienne
une citoyenne	une polissonne	une piétonne	une magicienne
une opticienne	une gardienne	une ancienne	une vigneronne

106 Recopie ces phrases en complétant avec les noms féminins suivants.

cavalière – romancière – cuisinière – infirmière – caissière – bergère – sorcière

Pour payer, M. Loriot tend sa carte bancaire à la … . – Cette … vient d'obtenir un prix littéraire. – La … a préparé du poison pour tuer Blanche-Neige. – Dans la chanson, la … rentre ses blancs moutons quand il pleut. – Mme Bouquet est une excellente … qui régale ses petits-enfants. – La … parvient à maîtriser sa jument avant le saut de la haie. – L'… nettoie la plaie de Damien.

107 Écris le féminin de ces noms.

un étranger	un prisonnier	un passager	le fermier
un héritier	un banquier	un écolier	un boulanger
le couturier	le meunier	le messager	un gaucher
un écuyer	un boucher	le policier	le postier

108 Recopie ces phrases en complétant avec les noms féminins qui correspondent aux noms entre parenthèses. Attention aux accords !

La … (moniteur) est sur les pistes avec un groupe de jeunes … (skieur). – Fabienne est une grande … (lecteur) ; elle lit un livre par semaine. – Les … (spectateur) attendent avec impatience l'arrivée de la … (chanteur). – Je demande à la … (vendeur) de me présenter des pantalons à ma taille. – Une vraie … (danseur) doit être souple et élégante.

109 Écris le féminin de ces noms.

un coiffeur	le serveur	le décorateur	un inspecteur
un voleur	un tricheur	un éducateur	l'acteur
le campeur	un voyageur	l'instituteur	un conducteur
un escrimeur	le visiteur	un jongleur	l'électeur

Révisions : exercices 210 et 211, p. 68

Orthographe

14ᵉ Le pluriel des noms

Leçon

Dans les gares et les aéroports, des panneaux indiquent les horaires des trains et des avions.

Règle

Le pluriel des noms se forme généralement en ajoutant un **s** au nom singulier.
- des casiers – des chaussures – des points – des fenêtres

Pour les noms terminés par **-au**, **-eau**, **-eu**, on ajoute un **x**.
- des joyaux – des morceaux – des cheveux

Exceptions : des landaus – des bleus – des pneus

Les noms déjà terminés par **-s** ou **-x** au singulier ne prennent pas la marque du pluriel. Seul le déterminant permet d'indiquer le nombre.
- un cadenas → des cadenas   le prix → les prix   le gaz → les gaz

★ **110** Écris ces noms au pluriel.

un cri → des cris

une lettre	une saison	un mur	un ordinateur
une noisette	un soupir	un terrain	une cerise
un drap	une gravure	le couplet	la construction
une poignée	un savant	une note	la boisson
un camion	la fontaine	une jambe	un fauteuil
un sapin	une feuille	la grenouille	le wagon
un pot	une réunion	un ballon	un gamin
le frein	la roue	une manche	le cordon

★ **111** Recopie ces phrases en écrivant les noms entre parenthèses au pluriel.

À la fin de la journée, l'ouvrier range ses (outil). – Le comptable vérifie les (facture) des fournisseurs. – Ces (ville) sont proches de la frontière espagnole. – Il tombe quelques (flocon) de neige. – On jette des (seau) d'eau pour éteindre le feu. – Tous les (spectateur) sortent enchantés du cinéma. – Les (platane) font de l'ombre. – Ces (bonbon) adoucissent la gorge. – Philippe a froid car il a oublié ses (gant). – Norbert monte les (marche) quatre à quatre. – Nous découpons des (guirlande) pour décorer la classe. – Tu as des (cousin) qui vivent en Lorraine. – Il paraît que les (voyage) forment la jeunesse.

112 Écris ces noms au pluriel.

un trottoir	un ski	une vitre	un foulard
un étage	un appel	une rose	un instrument
un objet	une heure	une aiguille	une racine
un panier	un trésor	un rocher	un métier
une étoile	une maison	un numéro	une proposition
une partie	un sport	une cloche	une corbeille

113 Recopie ces phrases en écrivant les noms entre parenthèses au pluriel.

Ces (enfant) portent des (prénom) à la mode. – Les (péniche) ne circulent plus car les (fleuve) sont en crue. – Les (camion) regagnent leurs (hangar). – Des (mécanicien) travaillent dans ces (garage). – Tous les (matin), ces (poule) pondent des (œuf). – Nous cherchons de vieux (catalogue) pour découper des (image). – Florent et ses (parent) se rendent au marché aux (poisson). – Les (majorette) défilent dans les (rue) de la ville. – Les (aigle) planent dans les (air) avant de plonger sur les (serpent). – Les (voilier) luttent contre les (vent) contraires.

114 Écris ces noms au singulier. Tu peux consulter un dictionnaire.

des balais	des talus	des taudis	des studios
des relais	des noix	des soucis	des enclos
des secours	des chamois	des radis	des lavabos
des concours	des parois	des abris	des héros

115 Recopie ces phrases en écrivant les noms entre parenthèses au pluriel.

Les (grue) s'activent pour déplacer les (bloc) de béton. – Les (clown) ont souvent des (nez) rouges et des (pantalon) troués. – Dans ces (région), on découvre des (champ) de lavande. – Les (tombeau) des (empereur) de Chine sont interdits aux (visiteur) étrangers. – Tu serres les (lèvre) et tu maîtrises tes (réaction). – Les (atelier) et les (bureau) de ces (usine) sont équipés d'(ordinateur). – On vient de découvrir des (statue) de (dieu) égyptiens. – Pourquoi changes-tu aussi souvent d'(avis) ? – Vous avez apprécié ces (gâteau) aux (amande).

116 Recopie ces phrases en écrivant les noms entre parenthèses au pluriel.

La tempête a abattu trois (poteau) électriques. – Le long des (ruisseau) poussent des (jonc) et des (roseau). – Les (chameau) traversent les (désert) sans souffrir de la soif. – Les (corbeau) cherchent des (insecte) sous la neige. – Les (maçon) utilisent parfois des (niveau) à bulle. – Les (voyageur) font leurs (adieu) à leur famille. – Pour leurs (déplacement), les (Lapon) possèdent des (traîneau). – Les (jardinier) rassemblent les (feuille) avec des (râteau). – Les (nuage) couvrent les (sommet) des (montagne).

Révisions : exercices 212 et 213, p. 68

15e Leçon

Le pluriel des noms : cas particuliers

Dans ce magasin, on trouve tout le matériel pour les travaux de bricolage : des pinceaux, des tuyaux, des clous, des métaux, et même des verrous pour les portails.

Règle

Les noms terminés par **-ou** au singulier prennent un **s** au pluriel.
- un fou → des fous   un trou → des trous

Seuls sept noms terminés par **-ou** prennent un **x** au pluriel.
- des bijoux – des cailloux – des choux – des genoux – des hiboux – des joujoux – des poux

La plupart des noms terminés par **-al** au singulier ont un pluriel en **-aux**.
- un journal → des journaux   un signal → des signaux

Exceptions : des bals – des carnavals – des chacals

La plupart des noms terminés par **-ail** au singulier prennent un **s** au pluriel.
- un portail → des portails   un rail → des rails

Exceptions : un travail → des travaux   un vitrail → des vitraux

Il existe quelques pluriels particuliers.
- un œil → des yeux   un monsieur → des messieurs

★★★ **117** Écris les noms en gras au pluriel.

le **journal** du dimanche   le **détail** de l'accident   le **local** de la mairie
un **mal** de tête   un **tribunal** de commerce   un **quintal** de blé
un **hôpital** de proximité   l'**animal** de la savane   un **cristal** de glace
un **maréchal** de France   un **vitrail** de la cathédrale un **attirail** de pêcheur

★★★ **118** Recopie ces phrases en écrivant les noms entre parenthèses au pluriel.

Le Petit Poucet semait des (caillou) pour retrouver son chemin. – Les (corail) forment parfois des (barrière) difficiles à franchir pour les (bateau). – Les (travail) de percement du tunnel sont maintenant terminés. – La cave reçoit le jour de deux petits (soupirail). – Les (cheval) franchissent les (haie) et les (fossé). – Les (confiture) de fraises sont conservées dans des (bocal) placés sur des (étagère). – Les (matou) sont de très gros (chat). – Ces (tableau) sont des (copie) ; les (original) sont exposés dans un musée parisien. – Les (matelot) du navire croient apercevoir des (signal) de détresse.

119 Recopie ces phrases en écrivant les noms entre parenthèses au pluriel.

Les (genou) sont des (articulation) fragiles chez les (sportif). — Les (pou) adorent se cacher dans les (bonnet) et les (chapeau) des enfants ; leurs (parent) ne sont pas du même avis. — Dans certaines (mer), il n'y a malheureusement plus de (mérou), ces (poisson) si particuliers. — En Australie, les (kangourou) vivent en liberté. — Pour vérifier les (total) des factures, les (comptable) utilisent des (calculatrice). — Les (bambou) poussent dans les (lieu) humides. — Comment Léon va-t-il desserrer les (écrou) qui fixent les (roue) de sa voiture ?

120 Écris les noms en gras au singulier.

les **caporaux** de l'armée   les **radicaux** des **verbes**
les **terminaux** des ordinateurs   des **chandails** en laine
les **joyaux** de la Couronne   les **aveux** des **accusés**
les **nids** des **coucous**   des **morceaux** de sucre
des **végétaux** à feuilles   des **tournois** de pétanque

121 Recopie ces phrases en écrivant les noms entre parenthèses au pluriel.

Les (pêcheur) se rendent au bord des (étang) avec leurs (attirail). — Quand il n'y a pas de (remous), naviguer sur les (canal) est un plaisir. — Les (souriceau) se cachent dans les (trou) des (mur). — Les (cardinal) sont des (oiseau) au plumage coloré de rouge. — Les (carnaval) donnent lieu à des (réjouissance) dans de nombreuses (ville). — Pour protéger leurs (culture), certains (agriculteur) posent des (épouvantail) à (moineau). — Les (chacal) attendent que les (lion) terminent leur repas pour dévorer les (reste). — Les (perdreau) se jettent sur les (morceau) de pain.

122 Recopie ces phrases en complétant avec les noms suivants au pluriel.

local – bijou – éventail – matériau – général – autorail – festival

En été, certaines personnes utilisent des … pour se rafraîchir. — Lorsqu'elles participent aux … de cinéma, les vedettes portent toujours de splendides … . — Les … qui relient Béziers à Toulouse ne circulent pas aujourd'hui. — Ces ouvriers travaillent désormais dans des … neufs et bien aménagés. — Lorsqu'ils défilent, les … portent fièrement toutes leurs décorations. — Pour faire des économies de chauffage, ces maisons sont bâties avec des … parfaitement isolants.

123 Devinettes. Tous les noms à trouver sont au pluriel.

On les enfonce avec un marteau.	→ les c…
Dans la chanson, on les plante à la mode de chez nous.	→ les c…
Tricolores, ils règlent la circulation.	→ les f…
Sans eux, les trains ne circuleraient pas.	→ les r…
Ce sont les organes de la vue.	→ les y…
Le fer, le cuivre, l'aluminium ou le plomb.	→ des m…
Ils ont des plumes et pondent des œufs.	→ les o…

Révisions : exercice 214, p. 69

Le genre et le pluriel des adjectifs

un quartier désert et mal éclairé → des quartiers déserts et mal éclairés
une rue déserte et mal éclairée → des rues désertes et mal éclairées

Règle

Les adjectifs s'accordent en **genre** et en **nombre** avec les noms qu'ils accompagnent.

Généralement, on ajoute un **e** à l'adjectif masculin pour former le **féminin**.
- petit → petite   exact → exacte   grand → grande

Mais la terminaison de certains adjectifs est modifiée.
- bon → bonne   gentil → gentille   joyeux → joyeuse
- doux → douce   léger → légère   public → publique
- blanc → blanche   sportif → sportive   protecteur → protectrice

Au **pluriel**, on ajoute très souvent un **s** à la terminaison du singulier.
- fin → fins   agile → agiles   délicat → délicats

Les **participes passés** employés comme des adjectifs **s'accordent** avec les noms qu'ils accompagnent.
- une serviette repassée   des draps repassés   des serviettes repassées

★ **124** **Recopie ces phrases en complétant avec les adjectifs qui conviennent.**
communale – voisine – mauvaise – brutale – annuelle – noire – bonne

La maison … de la nôtre est à louer depuis un an. – Aurélie porte une jupe … qui lui va très bien. – Les habitants du quartier se réunissent dans la salle … . – Victime d'une chute …, ce coureur a dû abandonner. – Camille a une … nouvelle : elle part en vacances au Sénégal. – Yanis a une … grippe ; il n'ira pas travailler. – Nous répétons une pièce de théâtre pour la kermesse … .

★ **125** **Recopie ces phrases en complétant avec les adjectifs qui conviennent.**
sérieux – aériennes – légères – gratuites – anciennes – heureuses – épaisses – longues

En été, on porte des tenues … . – Les spectateurs admirent les acrobaties … des pilotes. – Les histoires … passionnent les enfants même s'ils ne comprennent pas tout. – Le facteur apporte parfois d'… nouvelles. – M. Klein étale d'… couches de peinture sur le mur. – Carla porte de … nattes ; cela lui donne l'air … . – Tu as obtenu deux places … pour le concert.

126 Accorde les adjectifs et les participes passés, comme dans l'exemple.

un trottoir étroit → une passerelle **étroite**

un livre illustré → une comptine …
un bois mort → une branche …
un film ennuyeux → une émission …
un café brûlant → une boisson …
un cas compliqué → une question …
un poil roux → une chevelure …
un terrain privé → une salle …

un faux numéro → une … adresse
un animal peureux → une biche …
un talon plat → une chaussure …
un acteur maquillé → une actrice …
un fait irréel → une apparition …
un fromage sec → une saucisse …
un trou profond → une fosse …

127 Recopie ces phrases en accordant les adjectifs et les participes passés entre parenthèses.

Il faudra remplacer les barreaux (rongé) par la rouille. – Au cours de ses (lointain) voyages, Marcel a visité des villes (prestigieux). – Des lignes (régulier) d'autobus desservent ces quartiers. – Les céréales poussent sur les terrains (fertile) de la plaine de la Beauce. – De (nombreux) régions (asiatique) sont victimes d'inondations (catastrophique). – Les enfants (prudent) ne doivent pas toucher les prises (électrique). – Les empreintes (digital) figuraient sur les passeports. – La famille (royal) de Suède vit à Stockholm. – Il souffle une bise (glacial), et on sent la morsure (cruel) du froid.

128 Recopie ces groupes nominaux au pluriel, comme dans l'exemple.

un succès éclatant → **des** succès éclatant**s**

un rasoir jetable
une lettre majuscule
un hameau reculé
un riche banquier
une personne fatiguée
un produit polluant
une histoire vraie

un fil isolant
une côtelette panée
une bête sauvage
un objet trouvé
un visage sévère
une paroi poreuse
une brioche chaude

une pomme de terre sautée
un passage secret
un mouchoir brodé
un savant calcul
un local rénové
un garage particulier
un motard prudent

129 Recopie ces phrases en complétant avec les adjectifs qui conviennent. Attention aux accords !

confidentiel – floral – pareil – perçant – perdu – ensoleillé – industriel – amical – principal – familial – petit – pluvieux

Pour souhaiter la bienvenue à son collègue, M. Mazet a prononcé des paroles … . – Paris, Lyon et Marseille sont les … villes de France. – Les yeux … de l'aigle lui permettent d'apercevoir les … proies. – L'exposition … de Tournus présente des centaines de roses. – Ces lettres … seront placées dans un coffre-fort. – Plusieurs entreprises s'installent dans la zone … . – Les fêtes … sont l'occasion de rencontrer des parents … de vue depuis longtemps. – En automne, les journées … nous font regretter les étés … . – Avec de … enjambées, tu distanceras rapidement tes amis.

Révisions : exercices 215 et 216, p. 69

Les déterminants numéraux

Les travaux de construction dureront de quinze à vingt-cinq jours.

Règle

Les déterminants numéraux indiquent des **quantités précises**.
Ils sont **invariables**.

- quatre minutes – trente heures – deux mille ans

On place un **trait d'union entre les dizaines et les unités**, sauf si elles sont unies par **et**.

- quarante-trois   soixante-douze   cent vingt et un

★ **130** Écris ces nombres en lettres, comme dans l'exemple.

1 trou → **un** trou

2 buts	3 numéros	4 crayons	5 disques
6 pas	7 roses	8 mètres	9 boutons

★★ **131** Écris ces nombres en lettres et accorde les noms entre parenthèses.

10 (coup)	11 (drapeau)	12 (trou)
13 (kilogramme)	14 (litre)	15 (étage)
16 (lampe)	17 (semaine)	18 (place)
19 (élève)	20 (coureur)	21 (photo)

★★ **132** Recopie ces phrases en écrivant en lettres les déterminants numéraux entre parenthèses.

Le chalutier rentre au port avec (22) tonnes de poissons. – Le feuilleton s'achèvera à (23) heures. – (26) bougies sont posées sur le gâteau d'anniversaire de Flavien. – La ville de Sisteron se trouve à (45) kilomètres de celle de Gap. – Avec mes (29) euros, j'ai acheté un livre illustré. – Ce basketteur a marqué (34) points durant la partie. – (37) hectares ont brûlé dans la forêt de l'Estérel. – La colonne vertébrale des êtres humains est composée de (33) vertèbres. – Il existe au moins (25) manières d'accommoder les salades.

★★ **133** Écris ces nombres en lettres et accorde les noms entre parenthèses.

61 (bouteille)	68 (marche)	70 (poteau)	72 (pavé)
83 (morceau)	92 (centimètre)	95 (mot)	98 (emplacement)
36 (panneau)	44 (poulet)	78 (tulipe)	91 (barque)

134 Recopie ces phrases en complétant avec les déterminants numéraux qui conviennent. Tu les écriras en lettres.

2 – 3 – 4 – 5 – 6 – 7 – 12

Les hommes ont … doigts à chaque main. – Un triangle est une figure qui a … côtés. – Dans un jeu de cartes, il y a … couleurs. – Une semaine, c'est … jours. – Les … cornes du taureau sont impressionnantes. – J'écoute sonner les … coups de minuit. – Il y a … œufs dans une boîte d'une demi-douzaine.

135 Recopie ces phrases en complétant avec les déterminants numéraux qui conviennent. Tu les écriras en lettres.

6 – 7 – 11 – 18 – 40 – 31 – 50 – 52 – 100

Avec seulement les … notes de la gamme, on a composé de belles musiques. – En France, la majorité est fixée à … ans. – Sur un dé à jouer, il y a … faces. – En retenant la formule magique, Ali Baba a ouvert la caverne des … voleurs. – Dans un mètre, il y a … centimètres. – L'année se termine le … décembre. – En ville, la vitesse est limitée à … kilomètres à l'heure. – Dans une année, il y a … semaines. – Une équipe de football est formée de … joueurs.

136 Recopie ces phrases en écrivant en lettres les déterminants numéraux entre parenthèses.

Fatia a planté (38) pieds de bégonias dans ses jardinières. – Avec un panneau indicateur tous les (40) mètres, nous ne pouvons pas nous tromper d'itinéraire. – Les (51) dromadaires de la caravane s'approchent de l'oasis. – Cette lettre pèse (70) grammes. – Le directeur connaît le nom des (84) élèves. – La France métropolitaine est divisée en (95) départements. – Dans chaque paquet, il y a (64) biscuits. – Pour clôturer le champ, on a planté (74) piquets.

137 Recopie ces phrases en écrivant en lettres les déterminants numéraux entre parenthèses.

Ce ferry-boat transporte (131) voitures. – Seules (152) personnes pourront assister à la représentation sous le chapiteau. – M. Collet élève (220) bovins dans sa ferme du Charolais. – La doyenne de l'humanité est âgée de (114) ans. – Le chauffard devra immédiatement payer une amende de (121) euros. – Mon voisin a commandé (750) litres de fioul domestique pour chauffer sa villa. – Dans cette boîte d'un kilo, il y a (168) morceaux de sucre. – (365) volailles vivent dans ce poulailler. – (170) concurrents ont pris le départ du marathon.

138 Recopie ces phrases en écrivant en lettres les déterminants numéraux entre parenthèses.

À Meximieux, (1 390) électeurs ont voté dimanche dernier. – Il y a (1 472) pages dans ce dictionnaire. – Le mille marin vaut (1 852) mètres. – Le standard téléphonique a enregistré (2 630) appels. – Cette voiture coûte (8 450) euros. – L'UNICEF a livré (4 580) doses de vaccins pour les enfants du Niger.

Révisions : exercice 217, p. 69

18e
Leçon

Les accords dans le groupe nominal

Tous les conducteurs débutants apprennent la signification exacte des différents panneaux.

Règle

Le **déterminant** et l'**adjectif** s'accordent en **genre** et en **nombre** avec le nom auquel ils se rapportent.

- Nous secourons un petit oiseau blessé.
- Nous secourons une petite mésange blessée.
- Nous secourons des petits oiseaux blessés.
- Nous secourons des petites mésanges blessées.

Attention ! Certains mots appartenant au groupe nominal ne s'accordent pas avec le nom.

- un ancien acteur **de cinéma**
- d'anciens acteurs **de cinéma**
- un vêtement **trop** étroit
- des vêtements **trop** étroits

- une ancienne actrice **de cinéma**
- d'anciennes actrices **de cinéma**
- une veste **trop** étroite
- des vestes **trop** étroites

★ **139** **Recopie ces phrases en complétant avec les noms qui conviennent.**

fleur – vacances – poubelle – haricots – place – personnes – centre – fruits – grimace – piles – enfants

Les … impatients se rendent à la fête foraine. — Comme chaque matin, Aurélie regagne sa … habituelle. — Cette … artificielle ressemble à s'y méprendre à une rose du jardin. — Les … pourris seront immédiatement retirés de la vente. — Devant ce plat de … verts, tu fais une affreuse … . — Pendant les petites …, nous sommes allés au … aéré. — Les … âgées ont quelquefois du mal à monter les escaliers. — Ne jetez pas les … usagées dans la … réservée aux papiers.

★ **140** **Recopie ces groupes nominaux en mettant le nom principal en gras au pluriel.**

une **personne** sensible
un **professeur** compétent
une **réponse** précise
une **viande** froide
un **regard** indiscret
un **bal** costumé
un **tableau** noir

un **souvenir** agréable
un **cri** perçant
une **orange** amère
une **étoile** peu visible
un **film** comique
un **travail** manuel
un **fauteuil** confortable

141 Recopie ces phrases en accordant les mots entre parenthèses.

Savez-vous à quoi servaient les lanternes (magique) ? — Parviendras-tu à porter ces verres (rempli) à ras bord ? — Chez un antiquaire, M. Piat déniche une armoire (normand) aux portes (sculpté). — Les cadeaux de Noël soigneusement (empaqueté) nous attendent au pied du sapin. — Les éclairagistes (attentif) règlent leurs (puissant) projecteurs. — Le carrossier remplace la portière (rayé).

142 Recopie ces groupes nominaux en mettant le nom principal en gras au singulier.

des **rages** de dents	des **bouquets** de fleurs
des **livres** d'images	des **défilés** de majorettes
des **sportifs** de haut niveau	des **marchands** de légumes
les **arbres** du jardin	les **touches** du téléphone
des **tas** de vêtements	des **nids** de guêpes
des **nuées** de mouches	des **parties** de boules

143 Recopie ces phrases en complétant avec les noms qui conviennent. Attention aux accords !

statue – diligence – mouvement – fenêtre – usine – éclipse – choucroute – zone – plat – restaurant

Les anciennes … transportaient les voyageurs. — La … garnie est un … assez souvent servi dans les … alsaciens. — Les … totales de Soleil plongent la Terre dans la pénombre. — Comme tu as laissé les … ouvertes, tous les papiers se sont envolés. — Que représente l'imposante … qui se trouve au centre de la place ? — Trois nouvelles … se sont installées dans la … industrielle. — Lorsque vous apprenez à nager, ne faites pas de … désordonnés.

144 Recopie ces groupes nominaux en changeant le nom principal en gras. Attention aux accords !

un petit **ruisseau** de montagne	→ de … rivières …
un **nez** rougi par le froid	→ une oreille …
un **tuyau** de plomb tordu	→ des tiges …
un plein **sac** de sable	→ une … brouette …
un grand **préau** d'école	→ une … cour …
un magnifique **escalier** en chêne	→ de … poutres …

145 Recopie ces groupes nominaux en mettant le nom principal en gras au pluriel. Attention aux accords !

un **stylo** à bille noir	une courte **pièce** de théâtre
une **cuisse** de poulet appétissante	un **lieu** de rassemblement éloigné
une **feuille** de papier froissée	un ancien **navire** de commerce
un célèbre **monument** romain	une froide **journée** d'automne
un léger **pas** de danse	un **fil** électrique isolant
un lent **mouvement** de côté	un **joueur** de trompette virtuose

Orthographe

Révisions : exercice 218, p. 70

19ᵉ L'accord du verbe avec son sujet

Les contes plaisent aux enfants ; ils racontent souvent les aventures des princesses et des fées.

Règle

Le verbe s'accorde toujours avec son sujet. Ce sujet peut être :
– un **nom** : Le client paie ses achats.
– un **pronom** : Tu choisis des lunettes de soleil.
– le **nom principal**, ou nom noyau, du groupe du nom :
Les **rivières** de la région débordent.

On trouve le sujet en posant la question « Qui est-ce qui ? »
ou « Qu'est-ce qui ? » devant le verbe.
– Qui est-ce qui paie ?   → le client   3ᵉ personne du singulier
– Qui est-ce qui choisis ?   → tu   2ᵉ personne du singulier
– Qu'est-ce qui déborde ?   → les rivières   3ᵉ personne du pluriel

★ **146** **Recopie ces phrases et encadre les pronoms sujets.**

Vous passez la deuxième couche de peinture. — Nous garderons le secret. — Je déplace mes pions. — Tu renonces à déchiffrer ce SMS. — Il trouve la solution de l'énigme. — On a toujours besoin d'un plus petit que soi. — Elles notent les leçons et les devoirs sur leur carnet. — Il distribue le courrier. — Elle résume très bien l'histoire.

★ **147** **Recopie ces phrases et encadre les noms sujets.**

Le tracteur tire une lourde remorque. — Les patineurs glissent sur la piste gelée. — Le marinier s'approche de l'écluse. — L'agent renseigne les passants égarés. — Les ronces forment une haie infranchissable. — Avant le départ de la course, les chevaux trottinent. — La sorcière jette un sort au malheureux lutin. — Les avions décollent dans un bruit épouvantable. — La grue permet de porter de lourdes charges.

★ **148** **Recopie ces phrases et encadre le nom principal des groupes sujets.**

Ce blouson en cuir me va bien. — Les murs de la ville sont couverts d'affiches. — Le bateau de pêche rentre au port. — Les grimaces du clown font rire les enfants. — L'expédition polaire frôle les icebergs. — La salle des sports accueille un tournoi de handball. — Une violente averse de grêle a détruit une partie de la récolte de maïs. — Quelques caves de l'immeuble sont réservées aux vélos.

149 Recopie ces phrases en remplaçant les pronoms personnels en gras par les noms suivants.

le chirurgien – les autoroutes – les écrits – les autobus – Maeva – les géraniums – les paroles – l'assurance – le plat

À l'hôpital, **il** opère les blessés. – Sous les compliments, **elle** rougit. – À Paris, **ils** circulent dans des couloirs réservés. – En Alsace, **ils** embellissent les balcons. – **Elles** relient les grandes villes. – **Il** refroidit sur le bord de la table. – **Elle** remboursera les dégâts de la tempête. – **Elles** s'envolent, mais **ils** restent.

150 Recopie ces phrases en accordant les verbes entre parenthèses au présent de l'indicatif.

Tarzan (sauter) de branche en branche pour rejoindre Chita. – Le chauffeur (freiner) car la descente (être) dangereuse. – Je (faire) mon travail avec plaisir. – La chienne (flairer) les jambes de son maître. – Chenouda (préparer) le repas pendant que son frère (dresser) la table. – Tasha (écourter) son séjour à Malte à cause de la chaleur. – Les mariés (distribuer) des dragées à leurs invités.

151 Recopie ces phrases et encadre les différents sujets.

Quand le soleil brille, nous tirons les rideaux. – Lorsque nos devoirs sont terminés, nous regardons un film. – Le chef d'orchestre donne des indications aux musiciens ; ils écoutent attentivement. – Quand la nuit vient, les conducteurs allument leurs phares. – Chan veut dévisser les écrous, mais il tord sa clé à molette. – Toutes les précautions sont prises, mais les risques d'incendie demeurent. – Cet ancien village conserve tout son charme ; certains restaurent les demeures abandonnées. – Quand la pâte est suffisamment levée, le boulanger enfourne les pains. – Les plantes jaunissent ; Mélanie doit les arroser.

152 Recopie ces phrases en accordant les verbes entre parenthèses au futur simple de l'indicatif.

Tu (choisir) un jeu calme. – Mike (prendre) son billet au dernier moment. – Claudia (se sauver) à toutes jambes à la vue de la vipère. – Les cavaliers (seller) leur monture. – Vous (apprendre) vos leçons par cœur. – Les pêches (mûrir) au soleil. – Nous (couvrir) nos livres de classe. – Quand nous (avoir) dix-huit ans, nous (voter) pour élire le président de la République. – Le charcutier (couper) des tranches dans ce jambon. – Je (distribuer) huit cartes à chacun des joueurs.

153 Recopie ces phrases en accordant les verbes entre parenthèses au présent de l'indicatif.

Les décharges sauvages (enlaidir) le paysage. – L'avant-centre (marquer) un but ; les supporters (applaudir). – Les quatre strophes de ce poème (compter) le même nombre de vers. – Les employés de la compagnie d'électricité (installer) les compteurs. – Avant de jouer, le violoniste (accorder) son instrument. – Malhabile, le jeune enfant (vaciller) sur ses petites jambes. – Les savants du monde entier (annoncer) une éruption volcanique à la Réunion.

Révisions : exercice 219, p. 70

Le participe passé employé avec l'auxiliaire avoir et avec l'auxiliaire être

Leçon 20e

Ces personnes handicapées ont garé leur voiture sur les emplacements qui leur sont réservés.

Règle

Le participe passé employé avec l'**auxiliaire avoir ne s'accorde jamais** en genre et en nombre avec le **sujet** du verbe.

- Kilian a sorti son jeu.
- Les enfants ont sorti leurs jeux.

Vous avez sorti votre jeu.
Elles ont sorti leurs jeux.

Le participe passé employé avec l'**auxiliaire être s'accorde** en genre et en nombre avec le **sujet** du verbe.

- Louis est sorti dans la cour.
- Les garçons sont sortis dans la cour.

Tania est sortie dans la cour.
Les filles sont sorties dans la cour.

Pour les deux premières personnes du singulier et du pluriel, seule la personne qui écrit et qui connaît le sujet peut déterminer le genre, masculin ou féminin.

- Je suis sorti. → C'est un garçon qui parle.
- Tu es sortie. → On parle à une fille.
- Vous êtes sortis. → Au moins une des personnes est un garçon.
- Nous sommes sorties. → Toutes les personnes sont des filles.

★ **154** Recopie ces phrases en complétant avec les participes passés suivants.

rétréci – eu – pâli – mûri – aplati – envahi – fait – rugi – durci – amorcé

Ces chaussettes ont … au lavage. − Avec ce soleil, les raisins ont … avec deux semaines d'avance. − Le gel a … le sol. − Delphine a … la pâte à tarte avec un rouleau à pâtisserie. − À la vue du sang, Romain a … . − Surpris par le passage des éléphants, les lions ont … . − Les chardons ont … la prairie. − Les occupants de l'avion ont … très peur lorsqu'il a … sa descente. − Tu as … une tache sur ton pantalon ; il faudra le laver.

★ **155** Recopie ces phrases en complétant avec les participes passés suivants.

guéri – arrosées – déçus – peints – bâtis – décoiffée

Les lampadaires de l'avenue sont … en vert. − Candice est … par le vent. − Le traitement était efficace ; Mustapha est … . − Les enfants sont …, car il pleut et ils ne pourront pas s'amuser dans la cour. − Quelques immeubles sont … près de la Maison de quartier. − Les plantes vertes sont … chaque matin.

156 Recopie ces phrases en les complétant avec les participes passés des verbes suivants.

attribuer – utiliser – répondre – apprécier – proposer – accorder – retrousser – réciter – remuer – respecter

Le professeur a … une place à chaque élève. − Les musiciens ont … leur instrument. − Les automobilistes ont … les limitations de vitesse. − À la vue de sa gamelle, la chienne a … la queue en signe de satisfaction. − À l'occasion des soldes, les vendeurs ont … des réductions. − Avant de se laver les mains, les enfants ont … leurs manches. − Vous avez … une petite poésie, et vos camarades ont … . − Pour recoller ce morceau, nous avons … un produit spécial. − Kévin a … au téléphone.

157 Recopie ces phrases en accordant les participes passés des verbes entre parenthèses.

Si les enveloppes sont (poster) avant seize heures, elles seront (distribuer) le lendemain matin. − Les hôtesses d'accueil sont (submerger) par les réclamations. − Les campeurs sont (installer) loin du torrent ; c'est plus prudent. − Nous sommes (épuiser) par cette longue marche. − La chanteuse est (solliciter) pour signer des autographes. − L'escalope est (servir) avec de la purée de pommes de terre. − Vous êtes (partir) au petit matin et vous serez (rentrer) avant midi. − Cette toile de tente est (fabriquer) avec des fils très résistants.

158 Recopie ces phrases en les complétant avec les participes passés des verbes suivants. Accorde comme il convient.

retourner – ressortir – devenir – illuminer – assurer – aligner – prévenir – sauver – inonder

Que sont … les outils agricoles d'autrefois ? − La barque est … par une vague ; les pêcheurs sont … de justesse. − Le 8 décembre de chaque année, toutes les rues de Lyon sont … . − Dès que Léonie sera …, elle nous donnera son avis. − L'eau était si froide que Gloria en est … rapidement. − La maison de M. Questa est … ; heureusement qu'il est bien … . − Chez le marchand de vélos, les bicyclettes neuves sont parfaitement … .

159 Recopie les phrases en remplaçant les sujets en gras par ceux entre parenthèses. Si nécessaire, accorde les participes passés.

(mes parents – Audrey – la famille David – tu)
Thomas s'est arrêté à Carcassonne ; **il** est descendu à l'hôtel.
(Manuel – mes amies – Émeline – nous)
Je suis entré sans frapper et **je** me suis assis sur une chaise.
(Davidson – vous – M. Vallet – j')
Tu as rechargé la batterie de ton téléphone.
(les plongeurs – Léonard – nous – Sarah)
J'ai essuyé les verres et les assiettes.

Orthographe

Révisions : exercices 220 et 221, p. 70

L'infinitif en -er
et le participe passé en -é

La mairie a installé des conteneurs spéciaux pour que nous puissions trier nos déchets.

Règle

L'infinitif et le participe passé des **verbes en -er** ont la même prononciation en [e].

Pour les distinguer, il faut remplacer le verbe en **-er** par un verbe en **-ir** (finir) ou en **-dre** (entendre) pour faire la différence.
- Kévin a écouté ses amis. → Kévin a entendu ses amis.
- Kévin espère écouter ses amis. → Kévin espère entendre ses amis.

Le participe passé employé comme adjectif s'accorde avec le nom auquel il se rapporte.
- Je ramasse le fruit tombé. → Je ramasse la pomme tombée.
- Je ramasse les fruits tombés. → Je ramasse les pommes tombées.

★ **160** **Transforme ces phrases comme dans l'exemple.**

Je viens de lancer ma boule. → J'ai lancé ma boule.

Nous venons de secouer la couverture. − Théo vient de corriger ses erreurs. − Tu viens de ruiner toutes tes chances. − Le bulldozer vient de déplacer un tas de terre. − Vous venez de refuser de nous suivre. − Les manèges viennent d'attirer les enfants. − Ce jeu vient de passionner toute la famille. − Je viens de renouveler mon abonnement. − Alizée vient de consoler sa petite sœur. − Le coureur belge vient de passer au sommet du col. − Les jardiniers viennent de planter des poireaux.

★ **161** **Transforme ces phrases comme dans l'exemple.**

L'ouvrier a démonté la vieille cabane. → L'ouvrier va démonter la vieille cabane.

Les filles ont porté des masques. − Tu as changé de coiffure. − Nous avons ciré nos chaussures. − J'ai enroulé le tuyau d'arrosage. − Édith a plié sa serviette. − Aurore a taché son corsage neuf. − Vous avez écouté un air d'accordéon. − Alex a retiré de l'argent au distributeur. − Le pot de confiture a attiré les guêpes. − Ce bouquet de tulipes a décoré le salon. − Anthony s'est bouché les oreilles. − Ta réaction a étonné la classe. − Nous avons retrouvé nos esprits. − Vous avez visité les gorges du Tarn sur un radeau.

54

162 Recopie ces phrases en remplaçant les infinitifs en gras par ceux de la liste suivante.

franchir – méconnaître – choisir – tendre – inscrire – défaire – cuire – perdre – mettre – retentir

Sur le questionnaire, on devait **noter** son nom et son prénom. — Steven va **vider** sa valise. — Tante Lisa vient de **poser** la soupière sur la table. — Alice devrait **préférer** la glace au chocolat. — Un coup de gong vient de **résonner** dans le palais du sultan. — Après sa chute, Benoît peut-il encore **allonger** le bras ? — M. Navrin va faire **griller** des merguez. — Le cheval se prépare à **sauter** cette haie. — Il ne faut pas **ignorer** la signification des panneaux routiers. — Pour ne pas t'**égarer**, emporte un plan.

163 Recopie ces phrases en remplaçant les participes passés en gras par ceux de la liste suivante.

étendu – vécu – venu – applaudi – découvert – fini – conçu – entendu – rempli

Le car de tourisme est **arrivé** de Suisse. — La petite Élodie a **terminé** son biberon. — Avez-vous **écouté** tous les conseils ? — Laurie a **placé** le linge sur le fil. — M. Duval a **habité** huit ans à Alençon. — Le pirate a-t-il **trouvé** le trésor ? — Le jardinier a **comblé** le trou. — Le public a **félicité** les comédiens. — Cet ingénieur a **inventé** un robot capable de réaliser de multiples tâches.

164 Recopie ces phrases en complétant par -é ou -er. Écris un verbe en -ir ou en -dre entre parenthèses pour justifier ton choix.

Fais attention de ne pas oubli**er** (**perdre**) ton livre.
Tu as mang**é** (**fini**) les carottes.

Marina va coup… du pain pour les invités. — J'ai cass… la mine de mon crayon. — Il ne faut pas gaspill… la nourriture. — Il paraît que le tigre bless… est redoutable. — Nous irons voir jou… l'équipe de France. — Geoffrey a essay… trois blousons. — Si on veut arriv… à l'heure, il faut march… d'un bon pas. — Le photographe, dissimul… derrière un buisson, s'approche du héron. — Le gâteau partag… en huit morceaux fait autant d'heureux.

165 Recopie ces phrases en complétant par -é ou -er.

M. Panay a aménag… les combles, ce qui lui permet de log… les amis de ses enfants. — Où Armand s'est-il couch… ? Sur le sable mouill… ou sur un rocher ? — On doit courb… la tête pour pass… sous cette porte. — Avez-vous nettoy… les pinceaux et les brosses ? — Mme Sorbier aime tricot… devant son feuilleton préfér…. — Le muguet parfum… permet d'annonc… l'arrivée du mois de mai. — Égar…, le Petit Poucet doit cherch… les cailloux pour essay… de retrouv… sa maison. — Pour chass… les moustiques, Étienne a achet… une bombe insecticide. — J'ai réalis… mon rêve : visit… le château de Versailles. — Un appartement bien isol… permet d'économis… l'énergie.

Révisions : exercice 222, p. 71

Les mots invariables

Quand on part en randonnée, il vaut toujours mieux emporter des provisions et des boissons.

Règle

Dans une phrase, certains mots ne s'accordent jamais : on dit qu'ils sont **invariables**.

- Il arrive bientôt.   Ils arrivent bientôt.
- Le plat est très chaud.   Les plats sont très chauds.

Comme les **mots invariables** sont nombreux et souvent employés, il faut retenir leur orthographe par cœur.

★ **166** **Recopie chaque couple de phrases et entoure seulement les mots invariables.**

Malgré le vent violent, l'arbre reste debout.
Malgré les vents violents, les arbres restent debout.

Le chanteur fut très applaudi par le spectateur.
Les chanteurs furent très applaudis par les spectateurs.

Cet abricot est bien mûr.
Ces abricots sont bien mûrs.

Elle reprendra volontiers un dessert chocolaté.
Elles reprendront volontiers des desserts chocolatés.

Le skieur imprudent coupe à travers le champ.
Les skieurs imprudents coupent à travers les champs.

Le pantalon du mécanicien est toujours taché.
Les pantalons des mécaniciens sont toujours tachés.

★ **167** **Recopie ces mots et entoure, dans chaque colonne, le seul mot qui n'est pas invariable.**

avant	presque	parfois	aussi
partout	jamais	lorsque	fleur
école	aussitôt	mais	tard
ensuite	papillon	tôt	sans
enfin	autrefois	exercice	après
dessus	quand	alors	combien

168 Recopie ces phrases et entoure les deux mots invariables dans chacune d'elles.

Quand il gèle, les roches se fendent parfois. — Un homme est descendu dans un puits pour sauver un chien. — Aujourd'hui, une manifestation est organisée contre le travail des enfants. — Coralie a tourné pendant une heure pour trouver une place. — Le quartier s'endormait lorsque, soudain, l'orage éclata. — Autrefois, on s'éclairait avec des bougies. — Comme tu as mal aux dents, tu te rends chez le dentiste. — Quelquefois, la neige tombe dès novembre.

169 Recopie ces phrases en complétant avec les mots invariables suivants.

trop – avec – moins – toujours – désormais – beaucoup – depuis – très

Ces sculptures sont faites … des morceaux de fer ; elles sont … originales. — Le vase déborde : tu as versé … d'eau. — En voiture, on doit … s'arrêter au feu rouge. — Il a … neigé, à la grande joie des enfants du quartier. — … que les élèves étudient les règles d'orthographe, ils font … d'erreurs. — … , les provisions ne doivent plus être emballées dans des sacs en plastique.

170 Recopie ces phrases en complétant avec les mots invariables suivants.

parmi – sûrement – puisque – malgré – surtout – longtemps – sur – si – totalement

… ces jeunes joueurs, il y a … un futur champion. — Dès l'ouverture du magasin, les clients se sont rués … les soldes ; les rayons sont … vides. — … un fil électrique est tombé à terre, … ne le touchez pas ; vous pourriez vous électrocuter. — … l'heure tardive, il y a … que Jérémie attend l'arrivée de son chanteur préféré qui lui signera un autographe. — … tu en as envie, va faire un tour à la fête foraine.

171 Recopie ces phrases en complétant les mots invariables.

Ton vélo est placé co… le mur. — La pharmacie se trouve ent… le pressing et la bijouterie. — Il n'y a pas de brioches da… cette boulangerie, ma… nous en trouverons aill… . — La météo annonce qu'il fera beau dem… . — Auras-tu ass… de croquettes po… nourrir tous ces chats ? — Il y a du brouillard ; pourt… certains conducteurs roulent vi… . — Nous ne savons pas pourq… tu as l'air triste. — Rodrigue ne refuse jam… d'aider un camarade. — Le problème est compliqué ; néanm… tous les élèves de la classe l'ont résolu.

172 Recopie ces phrases en remplaçant les mots invariables en gras par leur contraire.

Cette espèce de chou est **moins** résistante que celle-là. — À notre grande surprise, Arnaud est rentré **tôt.** — Michou, la petite chatte, s'endort **sous** le lit. — Le parking se trouve **derrière** le centre commercial. — Tu adores manger ton bifteck **sans** les frites. — Le car de ramassage nous attend **loin** de l'école. — Je m'installe dans cette pièce, car **dedans** il fait froid. — Nous ferons nos devoirs **après** la récréation. — On trouve un sable aussi fin dans **peu** de plages de la côte landaise.

Révisions : exercices 223 et 224, p. 71

23e a, à

Leçon

Vanessa a appris à faire du vélo à l'âge de quatre ans.

★ **173** **Recopie ces phrases en complétant avec les groupes de mots suivants.**

à la cave – quatre à quatre – à côté – à perdre haleine – à tarte – à glace – à crédit

M. Fradin a acheté son téléviseur ... . — Nada a sorti son plat ... . — Julia a peur de descendre ... . — Le hockeyeur enfile ses patins ... . — Mme Monin a garé sa voiture ... de la poste. — Poursuivi par un lion, le chasseur a couru ... . — Philibert a monté les marches ... .

★ **174** **Recopie ces phrases en écrivant les verbes en gras au présent de l'indicatif.**

Ce garnement **avait** encore désobéi à ses parents. — Anastasia **avait** écrit à sa correspondante. — Suzy **avait** envie d'un lecteur de CD. — Fatima **avait** un appareil dentaire. — M. Hardy n'**avait** pas de monnaie : il **avait** dû faire un chèque. — La peinture **avait** changé de couleur au soleil. — Bettina **avait** mis son pull à l'envers. — Laurent **avait** rendez-vous à quinze heures chez le coiffeur. — Janick **avait** bien écouté tous les conseils.

★ **175** **Recopie ces phrases en écrivant les verbes en gras au présent de l'indicatif.**

Romain **aura** un nouveau réchaud à gaz. — Pour son anniversaire, Virginie **aura** une nouvelle poupée. — Le bûcheron **aura** du bois à scier. — L'équipe de Lens **aura** son titre de champion à défendre. — Ce travail, on en **aura** pour une demi-heure. — Erwan **aura** une veste à porter au pressing. — M. Castro **aura** des chaises à réparer. — Le randonneur **aura** un sac à dos très léger. — La maîtresse **aura** une pile de cahiers à corriger.

176 Recopie ces phrases en complétant avec a ou à. Tu justifieras ton choix de a en écrivant avait entre parenthèses.

Mustapha … déjeuné … la cafétéria. — Lucile … collé un timbre … soixante centimes sur l'enveloppe. — M. Denizot … rasé sa moustache sans le dire … sa femme. — En allant … l'école, Nadine … été renversée par une moto. — Panisse … trois boules … jouer ; il n'… pas encore perdu. — Alain … trouvé une armoire … glace en noyer … la brocante. — Martine … tendu une grappe de raisins … sa petite sœur. — Le vétérinaire … des animaux … soigner dans la ferme Ragain.

177 Recopie ces phrases en complétant avec a ou à.

Maladroite, Irma … renversé le pot … eau. — Dans sa jeunesse, M. Cohen … piloté un avion … réaction. — En l'absence de son maître, le chien … aboyé toute la nuit. — Samuel … gardé un bon souvenir de son séjour … Biarritz. — On … pris des ciseaux … bouts ronds pour découper. — Diran … mangé un œuf … la coque. — Jusqu'… Strasbourg, le routier … roulé … allure régulière. — La maîtresse … promis une image … Myriam et … Samir.

178 Recopie ces phrases en écrivant les noms en gras au singulier. Attention aux accords !

Les **médecins** ont secouru les enfants malheureux. — Les **ouvriers** ont réglé la machine ; elle fonctionne toute seule. — Grâce à la pluie, les **fleurs** ont poussé très rapidement. — Depuis longtemps, les **caravanes** ont disparu à l'horizon. — Les **fumeurs** n'ont plus l'autorisation d'allumer une cigarette dans un local public. — Ces **élèves** ont appris à lire en quelques mois. — Les **techniciens** ont mis au point une chaudière économique. — Les **poissons** ont renoncé à mordre à l'hameçon.

179 Recopie ces phrases en complétant avec a ou à.

Mme Comte devait penser … autre chose ; elle … oublié de ranger son caddie. — La glace … la vanille … fondu au soleil. — Rosita … la tête ailleurs ; elle pense … son chaton qu'elle … laissé seul. — Évelyne … des frissons ; elle … de la fièvre. — Quand on n'… rien … dire, on se tait ! — Où Aymeric …-t-il appris … monter … la corde ? — Pierrick … distribué du pain … ses tourterelles. — Le chameau … deux bosses, mais le dromadaire n'en … qu'une. — La coupure d'électricité … duré … peu près dix minutes.

180 Recopie ces phrases en remplaçant les mots en gras par les mots entre parenthèses. Attention aux accords !

Vous (Ronan) avez fait l'acquisition d'une machine à calculer. — **Les soldats** (Le matelot) ont obéi au doigt et à l'œil. — **Nous** (Le jardinier) avons vidé l'arrosoir sur les salades, mais cela ne sert à rien. — **Tu** (M. Isidore) as rempli ton panier à provisions. — **Nos adversaires** (L'équipe adverse) n'ont qu'à bien se tenir. — **Je** (Théo) n'ai compris qu'après bien des explications. — **Nous** (On) avons lavé le pull à la main. — **Tu** (Le candidat) as répondu un peu trop à la légère.

Révisions : exercice 225, p. 71

est, et

Mon frère est au CM2, et j'ai hâte d'y aller à mon tour.

Règle

est, forme de la 3ᵉ personne du singulier du verbe et de l'auxiliaire **être** au présent de l'indicatif, peut être remplacée par une autre forme conjuguée du verbe **être** : **était**, **sera**…
- Alice est sportive. → Alice était sportive. → Alice sera sportive.

et est un mot invariable qui peut être remplacé par **et puis**.
- Alice est sportive et dynamique.
   - → Alice est sportive et puis dynamique.

★ **181** Recopie ces phrases en écrivant les verbes en gras au présent de l'indicatif.

Après des tours et des détours, Ghislain **était** enfin arrivé. — Le prix de ce baladeur **était** particulièrement bas et avantageux. — Le chat **était** bien tranquille dans son panier. — Cette couette **était** chaude et légère. — Le drapeau **était** en haut du mât. — Le plongeur sous-marin **était** équipé d'une combinaison spéciale. — Le crocodile **était** endormi et parfaitement immobile. — La répétition du gala de danse **était** terminée, et il **était** temps de quitter la salle des fêtes.

★ **182** Recopie ces phrases en écrivant les verbes en gras au présent de l'indicatif.

La vitesse **sera** limitée dans la traversée de la ville. — Le mont Blanc **sera** visible par temps clair. — Le phare **sera** un guide précieux pour les navires en difficulté. — Le départ **sera** donné à l'heure prévue. — Le repas **sera** servi sur des assiettes en carton. — La piste cyclable **sera** réservée aux vélos, bien sûr ! — L'ascenseur **sera** réparé par des ouvriers spécialisés. — L'ananas **sera** coupé en tranches fines.

★★ **183** Recopie ces phrases en complétant avec est ou et. Tu justifieras tes choix en écrivant était ou et puis entre parenthèses.

La caisse … dans un coin du grenier, mais elle … bien trop lourde. — La clé … sur la porte, … je peux entrer. — Sonia … dans le couloir … elle attend son amie. — Ce camping … ombragé … possède des jeux pour enfants. — Cet aliment … bon pour la santé … il a bon goût. — Ce matin, le vent … froid … sec ; il ne pleuvra pas. — Le fleuve … en crue ; il roule des eaux rapides … boueuses. — Ce vieux film de Charlot … en noir … blanc.

184 Recopie ces phrases en complétant avec est ou et.

Vif ... ardent, le soleil ... accablant. — Le train ... parti, ... le quai ... désert. — La pharmacie ... fermée, ... je dois attendre demain. — Ce dessert ... fondant ... sucré. — Le maître ... assis à son bureau ... il interroge les élèves. — La piscine ... large ... profonde. — Le damier ... noir ... blanc. — Il ... dix-huit heures ; il ... temps de rentrer.

185 Recopie ces phrases en complétant avec est ou et.

Le vase de fleurs ... sur la commode ... il embaume toute la pièce. — Chevaux ... jockeys se reposent, car la course ... finie. — Le lait ... froid ... je dois le réchauffer. — La montagne ... couverte de sapins ... de mélèzes. — Il ... difficile de faire rouler un ballon de rugby, car il ... ovale. — La parole ... d'argent ... le silence ... d'or. — Ce maillot ... léger ... il sèche en quelques minutes.

186 Recopie ces phrases en complétant avec est ou et.

L'avion ... sur la piste ... il ... prêt à décoller. — Le chien ... le chat se disputent la même gamelle. — L'horizon ... brumeux, ... les feuilles tombent : c'... l'automne. — Clémence ... seule ... s'ennuie. — Richard ...-il certain que le chauffage ... en état de fonctionner ? — Émilie ... venue à notre rencontre ... elle nous a indiqué un raccourci. — Le danseur ... si gracieux que le public ... sous le charme. — La sonnerie ... faible, ... je ne l'entends pas. — Le verre ... en cristal ... il ... fragile.

187 Transforme ces expressions comme dans l'exemple.

une longue écharpe tricolore → L'écharpe **est** longue **et** tricolore.

un long film ennuyeux	un ancien monument délabré
un cruel animal sanguinaire	une timide parole réconfortante
un vaste terrain cultivé	un fort parfum envoûtant
une nouvelle idée géniale	un tendre rôti juteux
une sage décision rapide	une large coupure profonde
une mystérieuse île lointaine	un court vêtement imperméable
un immense palais éblouissant	une chaleureuse rencontre amicale
une petite ville abandonnée	un vieux costume froissé

188 Recopie ces phrases en écrivant les noms en gras au singulier. Attention aux accords !

Les **charnières** sont en mauvais état, et les **portes** sont difficiles à ouvrir. — Les **téléphériques** sont en service depuis un mois. — Les **pizzas** sont sur la table et elles sont appétissantes. — Les **ralentisseurs** sont destinés à réduire la vitesse des voitures. — Les **herbes** sont jaunes à cause de la sécheresse. — Les **livres** sont intéressants et ils sont bien illustrés. — Les **bureaux** sont à la bonne hauteur. — Les **routiers** sont des conducteurs prudents.

Révisions : exercice 226, p. 72

25e

Leçon

ont, on

Les ours polaires ont des difficultés à survivre. On doit les protéger.

Règle

ont, forme de la 3e personne du pluriel du verbe et de l'auxiliaire **avoir** au présent de l'indicatif, peut être remplacée par une autre forme conjuguée du verbe **avoir** : **avaient**, **auront**…
- Elles ont raison. → Elles avaient raison. → Elles auront raison.

on, **pronom sujet**, peut être remplacé par un autre pronom sujet : **il**, **elle** ou par un **nom singulier**.
- On porte un bonnet. → Elle porte un bonnet.
  → Salomé porte un bonnet.

★ **189** Recopie ces phrases en complétant avec ils ou on.

… a un nouveau jeu vidéo. — … ont des fourmis dans les jambes. — … a de l'affection pour ses parents. — … ont de la mémoire. — … a un téléphone portable. — … ont l'avantage sur leurs adversaires. — … a visité le Mont-Saint-Michel. — … ont loué un pédalo.

★ **190** Recopie ces phrases en remplaçant les mots en gras par ceux de cette liste.

Le public – Le gendarme – Le joueur – Le clown – Le garagiste – Le peintre – Le maçon – Le serveur – Sofia

On applaudit les comédiens à tout rompre. — **On** regonfle les pneus du camion. — **On** découpe un poulet à la crème. — **On** marque le premier panier. — **On** choisit une paire de lunettes. — **On** charge la bétonnière. — **On** signale un accident à la sortie de la ville. — **On** observe le modèle. — **On** a le nez rouge.

★★ **191** Recopie ces phrases en complétant avec ont ou on. Tu justifieras tes choix en écrivant avaient ou il entre parenthèses.

Les rues de la vieille ville … des trottoirs très étroits. — … aime les fruits qui … un goût sucré. — … écoute les chanteurs qui … de belles voix. — Les autobus … des ennuis mécaniques ; alors … a un peu de retard. — … a perdu l'habitude de rincer le linge au lavoir ; les lavandières … disparu. — Les électriciens … déroulé de grandes longueurs de câble. — Ces chiens … l'air féroce ; … évite de s'approcher. — Les tracteurs … de plus grosses roues que les voitures ; … ne peut pas les échanger ! — Sur une route, … roule à droite, mais … marche à gauche.

192 Recopie ces phrases en complétant avec ont ou on.

Les cyclistes ... des maillots de toutes les couleurs ; ... les reconnaît aisément. − Chaque année, ... rappelle les consignes de sécurité aux occupants de l'immeuble. − Avec leur parabole, les téléspectateurs ... un grand choix de chaînes. − Les alpinistes ... des anoraks fourrés ; ... pense qu'ils n'auront pas froid. − Quand ... joue au loto, ... ne gagne pas à tous les coups. − Les éclairagistes ... allumé les projecteurs ; ... découvre le décor. − Quand ... retire de l'argent à un distributeur, ... doit composer son code confidentiel. − Les chariots du supermarché ... des roues tordues ; ... a du mal à les pousser. − Les monteurs du cirque ... installé le chapiteau ; ... ira voir les acrobates et les dompteurs.

193 Conjugue ces verbes au présent de l'indicatif.

avoir sommeil	**avoir** les traits tirés	**avoir** une cicatrice
avoir raison	**avoir** un collier	**avoir** des idées

194 Recopie ces phrases en complétant avec ont ou on.

Dans la cour, ... joue à cache-cache ou à l'élastique. − ... aperçoit les cigognes qui ... retrouvé leur nid. − Les caissières ... des lecteurs d'étiquettes ; ... attend moins longtemps. − Pour confectionner une cocotte en papier, ... doit plier la feuille dans un certain ordre. − Dans un train, ... ne doit pas se pencher à la portière. − Les moutons ... une toison épaisse ; ... va les tondre. − Lorsque les bougies ... été soufflées, ... a découpé le gâteau d'anniversaire. − À midi, les sirènes ... retenti ; ... a réglé nos montres. − Les peupliers ... perdu leurs feuilles ; ... découvre les nids des pies.

195 Recopie ces phrases en écrivant les verbes en gras au passé composé.

Véra et Tiphaine **obtiennent** de bonnes notes. − Les pompiers **ouvrent** les pompes et **branchent** leurs tuyaux. − Les draps **sèchent** rapidement au soleil. − Les fermières **vendent** des fromages au marché. − Les Indiens **fument** le calumet de la paix. − Les glaçons **fondent** dans le verre ; on peut se désaltérer. − Les coquelicots **envahissent** le champ de blé. − Les journalistes **annoncent** le mariage de la princesse de Monaco.

196 Recopie ces phrases en écrivant les mots en gras au pluriel. Attention aux accords !

On sait que l'**oiseau** de paradis a un plumage merveilleux. − Je voulais jouer aux dominos, mais mon **camarade** n'a pas voulu. − On admire l'**éléphant** qui a des défenses magnifiques. − Avant de partir, l'**aventurier** a étudié la carte. − L'**enfant** a perdu ses dents de lait quand il avait six ans. − L'**architecte** a dressé les plans d'un nouveau quartier ; **il** a conçu une tour triangulaire. − Le **sorcier** a une baguette qui transforme les méchants garnements en gentils garçons. − Le **clown** a perdu son pantalon en courant ; **il** a fait rire le public. − Le **moulin** à vent a des ailes ; le **moulin** à eau a des roues.

Révisions : exercice 227, p. 72

sont, son

Valérie et son frère Benjamin sont au centre aéré depuis lundi ; ils sont ravis de retrouver leurs amis.

Règle

sont, forme de la 3ᵉ personne du pluriel du verbe et de l'auxiliaire **être** au présent de l'indicatif, peut être remplacée par une autre forme conjuguée du verbe **être** : **étaient**, **seront**…
- Les agriculteurs sont dans leurs champs.
  - → Les agriculteurs étaient dans leurs champs.
  - → Les agriculteurs seront dans leurs champs.

son, **déterminant**, peut être remplacé par un autre déterminant : **sa** ou **ses**.
- L'agriculteur est dans son champ.
  - → L'agriculteur est dans sa ferme.
  - → L'agriculteur est dans ses champs.

★ **197** **Recopie ces expressions en écrivant les noms en gras au singulier.**

sortir ses **cahiers** de brouillon
écouter ses **disques** préférés
repasser ses **vêtements** avec soin
sauvegarder ses **textes**
déplacer ses **pions**
lire ses **messages**
laver ses **couverts**

tailler ses **crayons** à papier
nettoyer ses **pinceaux** sous l'eau
oublier ses **numéros** de téléphone
compter encore sur ses **doigts**
imprimer ses **documents**
préparer ses **bagages**
gonfler ses **pneus**

★★ **198** **Recopie ces phrases en complétant avec sont ou son.**
Tu justifieras tes choix en écrivant étaient ou ses entre parenthèses.

Les livres d'Ingrid … dans … casier. — Les parachutistes se … posés, puis chacun a replié … équipement. — Le collectionneur feuillette délicatement … album, car ses cartes postales … rares. — M. Fargeat sort … tracteur et se dirige vers … champ de tournesols. — La chatte et … chaton … endormis près de la cheminée. — M. Kozek tend … passeport aux douaniers qui … au guichet d'enregistrement. — Les lunettes de mon oncle … cassées ; il ne peut plus lire … journal. — Papa constate que, dans … verger, les arbres … morts les uns après les autres, rongés par les parasites. — L'électeur glisse … bulletin de vote dans l'urne. — Les manuscrits anciens … conservés à l'abri de la lumière et de l'humidité. — Sofiane est désespéré : les touches de … ordinateur … bloquées, et plus rien ne fonctionne.

199 Recopie ces phrases en complétant avec **sont** ou **son**.

Les parents de Léon … heureux de … retour. − Comme les pêches … mûres, Ophélie en remplit … panier. − Puisque les clients … peu nombreux, le coiffeur prend … temps. − Sur Terre, les régions inexplorées ne … pas nombreuses. − Devant … four à pizzas, Angelo fait admirer … savoir-faire. − Cosette a du mal à porter … seau ; ses bras … trop frêles. − Avec … tournevis, Mme Imbert replace les plaques qui … sur le point de tomber. − Les fusées … sur leur rampe de lancement ; l'ingénieur est devant … écran de contrôle. − Paloma et … frère se … perdus dans le centre commercial ; leurs parents … inquiets, mais une hôtesse lance une annonce dans … micro et toute la famille se retrouve.

200 Recopie ces phrases en complétant avec **sont** ou **son**.

Amar est content : ses camarades … venus jouer avec … circuit électrique. − Ce champion a battu … record ; les chronométreurs … formels. − Mme Borniche trouve que les trajets entre … domicile et … bureau … trop longs. − À l'issue de l'étape du Galibier, les journalistes … unanimes ; le cycliste Walter Evans a fait de … mieux, mais il a trouvé … maître : Rodrigo Canas ! − L'aveugle et … chien forment un couple inséparable : ils … comme les doigts de la main. − Sous la violence du vent, les roseaux se … couchés. − Ce n'est qu'en écoutant les conseils qui … donnés qu'on apprend … métier. − Ces devoirs … à refaire : il y a trop d'erreurs ; Didier prend … dictionnaire pour les corriger.

201 Recopie ces phrases en écrivant les verbes en gras au présent de l'indicatif.

Derrière la vitre blindée, les trésors du musée **étaient** à l'abri des voleurs. − Les spectateurs **étaient** dans le noir, et chacun **retenait** son souffle en attendant l'entrée des acteurs. − Parmi toutes ces salades, quelles **seraient** vos préférences ? − On pense que les touristes **seront** contents de leur séjour au Danemark. − Comme les trottoirs **étaient** glissants, M. Ravat ne **quittait** pas son appartement. − Quand les croissants **seront** chauds, Arthur **pourra** prendre son petit-déjeuner. − Les marins **étaient** déçus, car les poissons **étaient** rares en cette matinée. − Les supporters **seront** présents pour soutenir leur équipe. − Les trapézistes **étaient** suspendus au-dessus du vide. − Le jour de la rentrée, les élèves **étaient** alignés dans la cour.

202 Recopie ces phrases en remplaçant les noms en gras par les noms entre parenthèses. Attention aux accords !

Dans sa **voiture** (camion), le maçon transporte des briques et du ciment. − Richard a reçu une lettre de ses **cousins** (correspondant). − Annabelle joue avec sa **console** (ordinateur). − Lilou a de la peine à peigner ses épais **cheveux** (chevelure). − Mattéo est un garçon sérieux ; son **opinion** (conseils) est toujours précieuse. − L'**émission** (programmes) est retardée de quelques minutes. − Bastien a réglé sa **montre** (réveil) sur quatre heures ; il doit se lever tôt. − Cette **expression** (mots) n'est pas d'un usage très courant.

Révisions : exercice 228 à 231, p. 72 et 73

Nom ou verbe ?

Quand il pleut et qu'il y a du vent, le marchand de parapluies vend des dizaines d'articles.

Règle

Certains noms ont la **même prononciation** que des verbes conjugués : ils sont **homophones**.

- Le cerf sent le danger.　　　　Le cerf blessé perd son sang.

Pour distinguer ces homophones, il faut retrouver l'article (ou le déterminant) devant le nom et le pronom (ou le nom sujet) devant le verbe.

- le cerf sent　→ verbe sentir à la 3ᵉ pers. du sing. du présent de l'indicatif
- son sang　→ nom commun

Le sens de la phrase permet aussi de faire la distinction.

Il existe des noms et des verbes **homographes** (même prononciation et même orthographe).

- La sorcière jette un sort.　　　　Le diable sort de sa boîte.

★ **203** **Recopie ces phrases en remplaçant les mots en gras par les mots entre parenthèses qui conviennent.**

(avale – fourré)　　Un petit lapin sort du **bois**. – Louisa **boit** un verre d'eau.

(coûte – agneau)　　Ce produit **vaut** dix euros. – Je mange une côtelette de **veau**.

(oublie – oncle)　　Diane **perd** son mouchoir. – Mon **père** adore jouer au tennis.

(anorak – lacez)　　Vous **cirez** vos chaussures. – Tu portes un **ciré**.

★ **204** **Recopie chaque couple de phrases en complétant par les mots entre parenthèses qui conviennent.**

(peignent – peignes)

Les fillettes … leurs cheveux. – Les … ont des dents, mais ils ne mordent pas !

(éclaire – éclairs)

Des … traversent le ciel. – Le lampadaire … le passage protégé.

(ski – skient)

Le moniteur de … dévale la pente. – En classe de neige, les élèves … souvent.

(tracent – trace)

Le chien suit le lièvre à la … . – Les architectes … les plans de l'immeuble.

(col – colle)

Les coureurs franchissent le sommet du … . – Je … un timbre sur l'enveloppe.

205 Recopie ces groupes de mots en complétant avec un article ou un pronom sujet. N'oublie pas de mettre la ponctuation.

Je vois les étoiles.   **une** voix de soprano

… font des bêtises   … père de famille   … peint le mur
… fond du gouffre   … perd la raison   … pain de seigle
… faim de loup   … vol de moineaux   … coud l'ourlet
… feint la surprise   … vole très haut   … coup de poing

206 Recopie ces phrases en complétant avec un nom homophone du verbe en gras entre parenthèses.

Rayan cherche la rubrique des … (je **fais**) divers dans son journal. — Il faut mettre une … (il **croit**) dans la bonne case. — Le frère de Samia a trouvé un … (il **emploie**) dans un restaurant. — Le … (il **gèle**) a jauni les jeunes pousses du bouleau. — Les élèves des premiers … (il **rend**) sont près du tableau. — Le mauvais … (il **tend**) oblige les bateaux à rentrer au port. — En montagne, on ne part jamais sans une trousse de … (il **secourt**). — Un … (il **cloue**) dépasse de la semelle de cette chaussure. — Pour choisir le terrain, ils tirent à pile ou … (qu'il **fasse**).

207 Recopie ces phrases en complétant avec un verbe homophone du nom en gras entre parenthèses.

Les orties, ça … (un **pic**) ! — Mme Dupont … (le **rap**) du fromage sur les pâtes. — Youssef … (le **bar**) les intrus de la liste. — Nous ne … (le **savon**) pas qui a prononcé ces paroles. — La cantinière nous … (la **serre**) du fromage. — Le guetteur … (le **signal**) un départ de feu dans la forêt. — Le garagiste … (le **détail**) toutes les réparations à effectuer sur le véhicule. — Quand on chante, il … (la **faux**) se tenir bien droit. — Dolorès se … (le **régal**) avec ce morceau de nougat.

208 Recopie ces phrases en complétant avec des noms homophones des verbes suivants.

il balaie – il rit – il lisse – il relaie – il plaint – il plaît – il tait – ils mentent

Avant de partir, le conducteur a fait le … d'essence. — Je boirais volontiers un verre de sirop de … . — La fleur de … était l'emblème des rois de France. — Tu désinfectes la … avec de l'eau oxygénée. — Qui a gagné la course de … ? — Un coup de …, et la salle sera propre. — Dominique a changé les … d'oreiller. — Le … est la nourriture principale des Chinois.

209 Recopie ces phrases en complétant avec des verbes homophones des noms suivants.

le sang – un loup – le sel – un cygne – un film – un cri – un travail

Vivien … un canoë pour remonter la rivière. — Estelle … son cœur battre. — M. Frainey … sur un chantier d'autoroute. — Le palefrenier … le cheval. — Lorsque le groupe de musiciens monte sur le podium, les spectateurs … leur joie. — Le directeur … son courrier. — M. Descours … les jeux de ses enfants.

Révisions : exercices 232 et 233, p. 73

Révisions

210 Recopie ces phrases en complétant avec les noms féminins qui correspondent aux noms entre parenthèses.

Elsa est l'… (héros) du conte *La Reine des neiges*. — La … (maître) surveille la cour de récréation. — Dans le cortège royal, on aperçoit la … (roi). — Dans la mythologie romaine, Vénus était la … (dieu) de la Beauté. — Pour Noël, nous dégusterons une … (dindon) aux marrons. — La … (parrain) de Robin le couvre de cadeaux. — Le jour du carnaval, Lisa était costumée en … (marquis). — Une … (ours) a été aperçue dans une vallée des Pyrénées. **Voir leçon 13**

211 Écris le féminin de ces noms.

un comte	le copain	un fou	un sportif	le joueur
le loup	l'oncle	un héros	un âne	un garçon
un canard	un mulet	le tigre	un homme	le taureau
le père	un diable	un singe	un mâle	le cheval
un ogre	le cerf	le neveu	un frère	
un traducteur	un duc	un copain	un fils	**Voir leçon 13**

212 Recopie ces phrases en écrivant les noms entre parenthèses au pluriel.

Les (nombre) supérieurs à cent s'écrivent avec au moins trois (chiffre). — Les (avenue) et les (boulevard) sont déserts en ce dimanche après-midi. — Les (touriste) écoutent les (explication) que donnent les (guide). — Les (meuble) ont des (forme) différentes selon les (époque). — À la fin de la journée, les (élève) notent les (leçon) à apprendre et rangent leurs (affaire). — Les (lieu) célèbres attirent de nombreux (curieux). — Les cinq (anneau) olympiques représentent les cinq (continent). — Les (spectateur) attendent le passage des (coureur). — Je lave les (verre) et les (assiette), puis je les range dans le (buffet). — Dans les (virage), les (moto) ralentissent et frôlent les (glissière) de sécurité. **Voir leçon 14**

213 Recopie ces phrases en accordant les noms entre parenthèses, si le sens l'exige.

Lucile efface les (tache) d'(encre) avec une (gomme) spéciale. — La (couturière) a préparé les (costume) du spectacle de fin d'(année). — Nikita étale de la (confiture) sur ses (crêpe). — Mehdi a une superbe (collection) de (papillon). — Sur la (plage), les (enfant) bâtissent des (château) de (sable). — Augustin remplit son (congélateur) de (gâteau) à la (vanille). — Es-tu capable de manger trois (barre) de (chocolat) ? - Lorine pose un magnifique (vase) de (fleur) sur la (table). — Yorick prend le plus grand (soin) de ses (patin) à (roulette). — Le (distributeur) de (billet) ne délivre que des (coupure) de cinquante (euro). — Les (poing) en l'air, le (boxeur) monte sur le (ring). — Les (alpiniste) arrivent au (sommet) du mont Blanc. **Voir leçon 14**

214 **Recopie ces phrases en accordant les noms entre parenthèses.**

Les (cristal) de glace scintillent au soleil. — Les (local) de l'école de musique sont fermés par de solides (verrou). — Après les (passage) des (train), les (rail) sont brûlants. — Les (bal) du 14 Juillet rassemblent tous les (habitant) de plusieurs (quartier). — Les (festival) donnés par les (groupe) de rock plaisent aux (jeune). — Les (général) saluent les (drapeau) qui claquent au vent. — Les (femme) espagnoles se rafraîchissent le visage avec des (éventail). — Les (ouragan) sont de véritables (fléau) pour certaines (région) tropicales. — Autrefois, on ne payait pas avec des (euro) mais avec des (sou). — Les (chacal) sont des (animal) qui ressemblent aux (renard). *Voir leçon 15*

215 **Recopie ces phrases en complétant avec les adjectifs ou les participes passés qui conviennent. Attention aux accords !**

pondu – vif – affranchi – gros – verglacé – naïf – embourbé – fraîche

Oriane a fait une … erreur : elle a oublié de compter la retenue. — Lorsqu'elle voit une guêpe, Fanny a une réaction … pour la chasser. — Cette personne … croit que les poules ont des dents ! — La voiture … a du mal à sortir de l'ornière. — La fermière ramasse les œufs … du matin. — La lettre … correctement arrivera plus vite à destination. — Évitez de marcher trop vite sur les trottoirs … . — Samantha nous prépare un plat de pâtes … . *Voir leçon 16*

216 **Transforme ces expressions comme dans l'exemple.**

briser une branche → une branche brisée

louer des rollers	couper des fleurs
signer des chèques	assaisonner une salade
mériter des compliments	restaurer des meubles
empiler des boîtes	trier des déchets
plisser une jupe	imprimer des documents
forger du fer	aérer une salle de classe
presser une orange	raturer des mots
paner des côtelettes	peler des fruits

Voir leçon 16

217 **Recopie ces phrases en écrivant en lettres les déterminants numéraux entre parenthèses.**

Comme l'ascenseur était en panne, Mustapha a monté les (21) étages à pied ; il a mis moins de (5) minutes ! — Dans votre répertoire téléphonique, vous pouvez enregistrer plus de (120) numéros. — Emma a écrit un texte de (40) lignes, sans une seule faute ! — Avec cette parabole, on capte plus de (85) chaînes. — Sur un damier, il y a (50) cases blanches et (50) cases noires. — La collection de voitures miniatures de M. Verchère compte (2 000) modèles de toutes les époques et de tous les pays. — En l'absence de fièvre, la température du corps humain est de (37) degrés. — Ce motard a remporté la troisième étape du Rallye Paris-Dakar en (15) heures et (42) minutes. *Voir leçon 17*

Orthographe

218 Recopie ces phrases en complétant avec les noms qui conviennent. Accorde-les, ainsi que les mots entre parenthèses.

écharpe – chaise – rue – lieu – passager – drap – massif – panneau – chaussette – faisan

Ces … de bégonias (entretenu) régulièrement font l'admiration de tous. — Surtout, ne mettez pas ces … (troué) ! — Les … (lâché) dans la nature peinent à s'envoler. — Cette … (soyeux) me plaît beaucoup. — On se tord les pieds en marchant dans cette … mal (pavé). — La vallée de la Loire est un … (réputé) pour la douceur de son climat. — Les … (rescapé) attendent du secours sur une île déserte. — L'eau de cette piscine est chauffée grâce aux … (solaire). — Mounir dispose les … (pliant) autour de la table du jardin. — Les … (plié) et (repassé) sont rangés dans l'armoire.

Voir leçon 18

219 Recopie ces phrases en accordant les verbes entre parenthèses au futur simple de l'indicatif.

À la sortie de l'école, les cars (attendre) devant le portail. — Quand on (quitter) la pièce, on (éteindre) la lumière par souci d'économie. — Les voiles du trimaran (se gonfler) au moindre souffle de vent. — Les circuits de voitures miniatures (intéresser) les garçons. — Les départs en vacances (provoquer) des ralentissements importants sur les routes. — Les maîtres (ranger) les pots de peinture. — Vous (vaporiser) de la laque sur vos cheveux. — Les éléphants (se rouler) dans la poussière. — Le cours de la rivière (être) détourné pendant la construction du barrage. — Les débris des canots (flotter) pendant plusieurs jours. *Voir leçon 19*

220 Recopie ces phrases en les complétant avec les participes passés suivants.

ému – interrompu – protégés – vérifiés – interdits – insonorisée – vécu – bu – envahi – recouvert

Les vagues ont … la jetée. — Les freins des autobus sont régulièrement … . — Napoléon Ier a … l'Europe entière avec son armée. — Les aventures d'Harry Potter ont … tous les spectateurs. — La salle des fêtes est … : quel calme ! — À la mi-temps, les joueurs ont … de l'eau minérale. — Une coupure d'électricité a … la diffusion de la finale de la Coupe de France. — Magalie a longtemps … en Autriche. — Dans la cour, les jeux violents sont … . — Les astronautes seront … par leur combinaison spéciale. *Voir leçon 20*

221 Recopie ces phrases en complétant avec les participes passés des verbes entre parenthèses. Attention aux accords !

Pinocchio a (mentir) car son nez s'est (allonger) ; il sera (punir). — Paola a mal (prendre) son élan et elle a (rater) son saut, mais sa chute est (amortir) par le tapis. — Les cargos ont (accoster), et les conteneurs sont (décharger). — Les chercheurs ont (terminer) l'expérience ; les résultats seront (examiner) avec attention. — La sorcière a (jeter) un sort à la princesse ; elle s'est (sauver) dans la forêt. — Mario a (étaler) la sauce tomate sur les pizzas. *Voir leçon 20*

222 Recopie ces phrases en complétant par -é ou -er.
Attention aux accords !

Il faut confirm… les places réserv… sur Internet. − Les images diffus… par la télévision ne doivent pas choqu… les personnes sensibles. − Ce vieillard se tenait debout, la main appuy… sur une canne. − Les noix écras… donnent une huile délicieuse. − Les appareils perfectionn… ne sont pas toujours les plus faciles à utilis… . − Balanc… par le vent, la montgolfière rase les collines enneig… . − Une route goudronn… a remplac… un chemin souvent inond… . − Les musiciens ont jou… sur une scène surélev… pour que nous puissions mieux les voir. − Une maison bien isol… permet d'économis… l'énergie. − Pour trac… des traits bien droits, il faut utilis… une règle. **Voir leçon 21**

223 Recopie ces phrases en complétant avec les mots invariables suivants.

déjà − devant − souvent − ensemble − hier − rien − plutôt − environ − ensuite

Les spectateurs attendent … les grilles du stade. − Ces cartons pèsent … vingt kilos chacun. − L'infirmière nettoiera la plaie ; … elle placera un pansement. − Joachim et Rudy partiront en vacances … . − À dix mois, ce bébé marche … ; ses parents l'aident un peu. − … , j'ai regardé un dessin animé passionnant. − Il n'y a … à faire : ce texte est illisible. − Au Sahara, il ne pleut pas … et l'herbe est … rare. **Voir leçon 22**

224 Recopie les phrases en complétant les mots invariables.

Les curieux regardent parf… par le trou de la serrure. − Tu prépareras la galette sel… les indications de la recette. − Le verre est pres… plein ; ne versez plus d'eau, sin… il va déborder. − Com… ce personnage fait-il pour rester immobile dur… des heures ? − Alo… que tu te rendais au marché, tu rencontras ton ami Robin. − Je taille mon crayon af… de tracer des traits moi… épais. − Po… protéger les jeunes plantations, on installe un grillage aut… des troncs.− Le collège où Sébastion est scolarisé se trouve à mo… d'un kilomètre de son domicile. − Le voyage a été long, ma… nous sommes enf… arrivés. − L'orchestre a joué pres… trois heures dev… des spectateurs enchantés. **Voir leçon 22**

225 Recopie ces phrases en complétant avec à ou a.

Rodrigue … entendu un cri perçant ; il … aussitôt pris ses jambes … son cou. − … la suite de son accident, Maxime … une cicatrice … la main gauche. − Quand on n'… rien … dire, on se tait ! − Ninon … tiré un bon numéro ; elle n'… pas … se plaindre. − Ce chanteur s'accompagne … la guitare. − Le train de Rennes … quinze minutes de retard ; nous sommes nombreux … l'attendre. − Dominique … laissé branché son fer … repasser : il … brûlé la planche. − Il … découpé les images avec des ciseaux … bouts ronds. − Anouk … une poussière dans l'œil. − Julia n'… plus qu'une rue … traverser. − Mathias … fait réchauffer son bol de chocolat dans le four … micro-ondes. **Voir leçon 23**

Orthographe

226 Recopie ces phrases en complétant avec et ou est.

La fenêtre … fermée, … pourtant il y a un courant d'air. – Le ballon … posé au centre du terrain, … l'arbitre va donner le coup d'envoi. – L'ordinateur … bloqué, … on ne peut plus consulter la messagerie. – Ce cartable … bien lourd, …, de plus, la bretelle qui permettait de le porter à l'épaule … cassée. – Le chariot de Gaëtan … plein, … il … difficile de le pousser. – Avant d'entrer en scène, l'acteur … saisi par le trac ; ses jambes tremblent … il respire mal. – La réponse … incomplète … le professeur n'… pas vraiment satisfait. – La statuette … creuse … un message … caché à l'intérieur. – Cet enfant … un grand mangeur de gâteaux.   Voir leçon 24

227 Recopie ces phrases en complétant avec on ou ont.

… a vu, pour la première fois, des joueurs de rugby porter des maillots roses. – Les brocanteurs … étalé leurs marchandises ; … trouvera peut-être un objet rare. – Les jeunes de moins de douze ans … des places réservées. – Les piétons … emprunté le passage souterrain. – Quand … cherche un mot dans le dictionnaire, … doit connaître l'ordre alphabétique. – Les chats … des griffes rétractiles. – Il paraît qu'… a toujours besoin d'un plus petit que soi. – Les déménageurs n'… pas mis longtemps pour décharger le piano. – Les passagers … pris place à bord de l'avion Nice-Strasbourg. – Lorsqu'… distingue mal les différentes lettres d'un mot, … doit porter des lunettes. – Quand … pénètre dans cette grotte, … sent la différence de température.   Voir leçon 25

228 Recopie ces phrases en complétant avec sont ou son.

Dans … pays, le Bénin, Alilou sait que les anciens … respectés et écoutés. – Les instruments de bord … déréglés ; le pilote aura du mal à poser … appareil. – Grand-père est confortablement installé dans … fauteuil ; il sommeille. – Nancy a oublié de me donner … numéro de téléphone. – Ma cousine et … mari se … installés dans le Périgord ; ils … satisfaits de l'accueil qu'ils ont reçu. – Grâce à … expérience, le cascadeur exécute des acrobaties fantastiques ; les cameramans … admiratifs. – Le comique porte une salopette rouge ; dès … arrivée, les spectateurs … pris d'une irrésistible envie de rire. – Éric a mangé … œuf sur le plat. – Tintin et … chien Milou … avec le capitaine Haddock.   Voir leçon 26

229 Recopie ces proverbes en complétant avec sont ou son.

À chacun … métier, et les vaches … mieux gardées. – Au royaume des aveugles, les borgnes … rois. – Les cordonniers … souvent les plus mal chaussés. – Les amis de nos amis … nos amis. – La nuit, tous les chats … gris. – Comme on fait … lit, on se couche. – Les conseilleurs ne … pas toujours les payeurs. – Chacun prend … plaisir où il le trouve. – Les plaisanteries les plus courtes … les meilleures. – Ce … les tonneaux vides qui font le plus de bruit. – Qui veut tuer … chien l'accuse de la rage. – Un bon chasseur doit savoir chasser sans … chien.   Voir leçon 26

230 Recopie ces phrases en écrivant les mots en gras au pluriel. Attention aux accords !

Son **sac** est hors d'usage, car la **poignée** est cassée. — Le comte de Milly s'inquiète car la **tour** de son château est en ruine. — La **couleuvre** n'est pas un **reptile** dangereux. — La **rue** est illuminée par des guirlandes multicolores. — L'**aiguille** de son réveil est arrêtée : la **pile** est à changer. — La **file** d'attente est si longue que le **client** est mécontent. — Le **coquelicot** est rouge, alors que la **pervenche** est bleue. — Le **crapaud** est laid, mais **il** est utile. **Voir leçon 26**

231 Recopie ces phrases en écrivant les mots en gras au singulier. Attention aux accords !

Ces **personnes** ont perdu leur emploi ; **elles** sont au chômage. — Les **judokas** sont prêts à entamer leur combat. — Ces **chocolats** sont trop fondants ; les **enfants** tachent leur blouson. — Ces **bébés** sucent encore leur pouce. — Les **joueurs** ont enfilé leur maillot ; **ils** sont prêts à entrer sur le terrain. — Les **violonistes** ne se séparent jamais de leur instrument. — Les **peintres** nettoient leurs **pinceaux** et se placent devant leur chevalet. — Les **majorettes** sont fières de leur costume bariolé. **Voir leçon 26**

232 Recopie ces phrases en complétant avec un nom homophone du verbe entre parenthèses.

(il **bat**) Le … du mur du château est couvert de lierre. — (il **file**) Les boutons sont cousus avec du … noir. — (il **vend**) Quand il n'y a pas de …, les éoliennes ne tournent pas. — (il **coud**) Grâce à son long …, la girafe atteint les feuilles des arbres. — (il **plie**) Cette chemise est bien repassée, elle n'a pas un … . — (il **tend**) Si le … le permet, la montgolfière s'élèvera. — (il **vaut**) Une escalope de … à la crème, c'est délicieux. — (il **paie**) Ces deux pays ont enfin signé la … : la guerre est terminée. — (il **croit**) Pour répondre, tu placeras une … dans la bonne case. — (il **doit**) Le majeur est le … le plus long. — (il **compte**) La maîtresse lit un … aux élèves. — (il **boit**) Certains se chauffent de nouveau au … . — (il **voit**) Je lis à haute … devant mes camarades. — (il **peint**) Pour goûter, j'ai un … aux raisins. **Voir leçon 27**

233 Recopie ces phrases en complétant avec un verbe homophone du nom entre parenthèses. Attention aux accords !

(l'**étang**) Pour profiter du soleil, tu … de la crème sur ton visage. — (le **paon**) Le charcutier … ses saucissons dans la chambre froide. — (la **joue**) Mes frères … au basket. — (le **crin**) Avec ce bonnet et ces gants, Myriam ne … pas le froid. — (le **père**) Quand on …, il faut se montrer beau joueur. — (la **fête**) Pour éviter la flaque d'eau, vous … un pas de côté. — (le **tir**) Aude … les rideaux de sa chambre. — (le **fond**) Les patineurs … des sauts exceptionnels. — (la **paire**) Andy … ses affaires. — (le **vœu**) Pourquoi …-tu sortir alors qu'il pleut ? — (le **tir**) Je … une carte et je la retourne. — (le **thon**) M. Delmas … sa pelouse toutes les semaines. **Voir leçon 27**

Orthographe

73

Les accents

Règle

Les accents servent, généralement, à **modifier la prononciation** de certaines **voyelles**. Ils sont aussi importants que les lettres et facilitent la lecture.

L'**accent aigu** (´) se place seulement sur la lettre **e**. On entend alors le **son** [e].
- prépare – la télévision – la vérité

L'**accent grave** (`) se place, le plus souvent, sur la lettre **e**. On entend alors le son [ɛ].
- la crème – le modèle – un problème

On trouve aussi un accent grave sur quelques mots invariables.
- à – où – déjà – là-bas

Lorsque l'**accent circonflexe** (^) se place sur la lettre **e**, on entend le son [ɛ].
- la crêpe – le rêve – une bête

On peut également trouver l'accent circonflexe (^) sur les **voyelles a**, **i**, **o**, **u**.
- le pâtissier – une île – drôle – une bûche

★ **234** Recopie ces mots en plaçant les accents aigus oubliés.

mechant	la plongee	l'electricite	deplacer	l'elephant
le metro	lecher	helas	une helice	reunir
reciter	le cafe	leger	l'ecureuil	l'epaule
menager	reflechir	medical	une periode	penible
obeir	negatif	le reveil	le depart	un ecran

★ **235** Recopie ces mots en plaçant les accents graves oubliés.

la sirene	la fleche	une planete	la barriere	le college
la colere	apres	un frere	un pere	une chevre
un siege	le gruyere	une panthere	la fievre	la scene
une levre	parallele	la biere	la criniere	la seve

★ **236** Recopie ces mots en plaçant les accents circonflexes oubliés.

une enquete	un vetement	une arete	le bapteme	la melée
l'honneteté	la betise	un chene	s'arreter	etre
la grele	une poele	la foret	la quete	revetir
un tetard	une fete	une tempete	la crete	un ancetre

★
★ **237** **Recopie ces mots en plaçant les accents aigus et/ou circonflexes oubliés.**

resister	apparaitre	la seance	brulant	separer
une buche	le reservoir	le controle	la serie	la croute
un temoin	abimer	eternel	un velo	delicieux
un ane	se depecher	le traineau	l'ete	bientot

★
★ **238** **Recopie ces noms en plaçant des accents circonflexes, si nécessaire.**

le gateau	le roti	la malle	l'hotel	le crane
le bateau	le rotin	un male	l'horizon	la cravate
le chateau	le robinet	un plateau	l'hopital	un rapport
le tableau	le role	du platre	l'horoscope	une rape

★
★ **239** **Recopie ces mots en plaçant les accents oubliés, si nécessaire.**

un eleve	le theatre	la maitresse	le cote	un baton
la perte	rester	la vaisselle	la lessive	gouter
aussitot	une lettre	le succes	la meteo	l'interet
regulier	demenager	executer	un decimetre	froler
la cloture	une cloche	la machoire	un malin	une maladie

★
★ **240** **Recopie ces phrases en complétant avec le mot entre parenthèses qui convient .**

(tache – tâche)
Jacky a fait une … . – Conjuguer certains verbes peut être une … difficile.
(mur – mûr)
Un … entoure la cour de l'école. – Cet abricot est … ; tu peux le manger.
(boite – boîte)
Tu ranges tes crayons dans une … . – Ce cheval a perdu son fer : il … .
(mettre – mètre)
Le maçon sort son … pliant. – Dans un yaourt, on peut … un peu de sucre.
(guerre – guère)
La … fait des malheureux. – Je n'y vois … dans le noir.

★
★ **241** **Recopie ces phrases en plaçant les accents oubliés.**

Il a beaucoup neige ; les vehicules doivent rouler avec des chaines. – Pour ton petit-dejeuner, tu preferes les cereales accompagnees d'une pate de fruits. – La portiere de la voiture a ete accrochee par le velomoteur. – Valerie fait des progres etonnants en solfege. – Le depart de la course du tierce est donne ; les chevaux s'elancent au galop. – Il y a trop de fumee dans cette piece ; les invites ont mal a la tete. – Si ce livre t'interesse, je te le preterai volontiers. – Avant de sortir de la piece, n'oublie pas d'eteindre la lumiere.

❱ **Vocabulaire à retenir** _____

la télévision – la vérité – le père – la mère – le frère – un élève – la tête – la fête

Révisions : exercice 313, p. 98

Les sons [s] et [z]
(s, ss, c, ç) et (s, z)

Règle

Le son [s] peut s'écrire :
- **s** : la salade – un costume – un autobus
- **ss** entre deux voyelles : la vaisselle – un buisson – pousser
- **c** devant les voyelles **e**, **i**, **y** : la porcelaine – réciter – un cygne
- **ç** devant les voyelles **a**, **o**, **u** : la façade – on aperçoit – un reçu

Quelquefois, le son [s] s'écrit **sc** ou **t** devant les voyelles **e** ou **i**.
- une scie – l'ascenseur – un martien – une punition

Le son [z] s'écrit souvent **s** entre deux voyelles.
- un trésor – un casier – la musique

Mais il peut aussi s'écrire **z**.
- bizarre – zéro – un zèbre

★ **242** **Recopie ces mots en complétant avec s ou ss.**

la cui…e	au…itôt	tran…porter	un cla…eur
la dépen…e	la ca…erole	in…crire	le pa…age
une ca…quette	un mon…tre	un fri…on	le fo…é
un ba…in	bon…oir	une trou…e	ain…i
la ble…ure	renver…er	obéi…ant	re…ortir
la pre…ion	la secou…e	un con…eil	l'adre…e

★ **243** **Recopie ces mots en complétant avec c ou ç.**

la tra…e	la le…on	féro…e	il fon…ait
la poli…e	l'urgen…e	un aper…u	commer…ial
un tron…on	une …édille	les fian…ailles	dé…ider
auda…ieux	fran…ais	grin…ant	ils commen…ent
la ran…on	tu t'élan…es	ils avan…aient	nous tra…ons

★★ **244** **Recopie ces mots avec l'écriture du son [s] qui convient.**

un ge…te	un rempla…ant	traver…er	la nata…ion
un …avant	une carca…e	la balan…oire	la …ène
une répon…e	la fa…ade	la …ircula…ion	la cha…e
un gla…on	l'ac…ion	a…urer	l'acroba…ie
la chan…on	la …érémonie	tre…er	proven…al
une ra…ine	la for…e	mena…ant	la pi…ine

245 Recopie ces phrases en complétant avec le mot entre parenthèses qui convient.

(coussin – cousin)

Mon … Rachid part en vacances en Tunisie. − Avec un …, je serais mieux assis.

(basse – base)

Le travail est la … de la réussite. − À marée …, des rochers apparaissent.

(poisson – poison)

Ce fruit n'est pas comestible : c'est un … . − Le pêcheur n'a pas pris un seul … .

(russe – ruse)

Au lycée, les élèves peuvent apprendre le … . − Quentin a trouvé une … pour apprivoiser son petit lapin.

246 Recopie ces phrases en complétant les mots avec z ou s.

M. Fernand a trouvé une bonne rai…on pour ne pas tondre son ga…on aujourd'hui : il pleut ! − Flavia a eu un petit malai…e et elle est restée allongée pendant une di…aine de minutes. − Bien souvent, les sapins de Noël sont des mélè…es. − J'ignore quelle est la cau…e de mon erreur dans le calcul de cette divi…ion. − Emma a le vi…age bron…é car elle a pris soin de mettre de la crème. − Quelle idée de porter une cravate ro…e avec une chemi…e jaune ! − En attendant la vi…ite médicale, tu feuillettes un maga…ine.

247 Recopie en complétant ces noms qui se terminent par le son [s].

un tournevi…	un viru…	la mali…	le tenni…	une mena…
la défen…	une sour…	un cactu…	la mou…	une pu…
un iri…	une lima…	une ta…	la répon…	le myosoti…
un colo…	le sen…	la hau…	un carro…	une oasi…
la balan…	l'absen…	la bai…	une bro…	le maï…

248 Recopie ces phrases en complétant les mots avec l'écriture des sons [s] ou [z] qui convient.

Véronique a…iste à un con…ert de mu…ique cla…ique. − La fu…ée *Ariane* décolle au milieu d'une épai…e fumée blanche. − Au …oo de Romanèches, on voit des ga…elles, des …èbres, des chimpan…és et même des bi…ons venus d'Amérique du Nord. − Il faut que tu li…es ce do…ier qui ne compte qu'une dou…aine de pages. − M. Vallet a choi…i de se chauffer au ga… plutôt qu'au ma…out. − Au printemps, les oi…eaux du parc muni…ipal ga…ouillent dès le matin. − Dans un re…taurant, la cui…ine est une …one où les clients ne vont pre…que jamais. − À la brocante, on aper…oit des tré…ors ine…timables : de la vai…elle en porcelaine, une …ie aux dents rouillées et un co…tume de Mar…ien.

▶ **Vocabulaire à retenir** ────────────

la maison – une remise – la visite – le visage – la musique – une usine – l'usage
la classe – une tasse – pousser – le dessin – la politesse – une boisson – laisser

Révisions : exercice 314, p. 98

Le son [k]
(c, qu, k, cc)

30e

Leçon

Règle

Le son [k] peut s'écrire :
- **c** : un flacon – récolter
- **k** : la kermesse – un kangourou
- **qu** : la qualité – une plaque
- **cc** : accrocher – succulent

Comme il est difficile de choisir entre ces différentes écritures, il est prudent de consulter un dictionnaire.

★ **249** **Recopie seulement les mots dans lesquels tu entends le son [k] et entoure les lettres qui forment ce son.**

un bocal	le coquelicot	le ciment	une quille	un masque
quatrième	le cerveau	un docteur	le sorcier	une cabane
le kart	un accord	quitter	un sac	circuler
un képi	un bec	un accoudoir	un kimono	accuser
un accordéon	provoquer	un policier	un cake	le plastique
manquer	le cadran	le quai	le café	la banque

★ **250** **Recopie ces phrases en complétant avec le mot entre parenthèses qui convient.**

(car – quart)

Nous arriverons dans un … d'heure. — Lou prend le … pour aller au collège.

(lac – laque)

L'eau du … de Paladru est froide. — Maman vaporise de la … sur ses cheveux.

(quand – camp)

… il pleut, on prend un parapluie. — Le gardien de but dégage son … .

(foc – phoque)

Le navigateur replie son … . — Le … est la nourriture de base des Inuits.

★★ **251** **Recopie ces mots en complétant avec c, k ou qu.**

une …as…ette	un spe…tateur	le …oton	l'anora…	le …iosque
le ho…et	le fol…lore	fré…ent	le par…et	…onduire
un li…ide	la …olline	le par…	la mar…e	un tri…ot
l'Afri…e	…ombien	une bar…e	le …araté	un …laxon

▶ **Vocabulaire à retenir** _____

une carte – la corde – un placard – un balcon – un écusson – l'école – l'escalier
le ski – un judoka – la raquette – la musique – la banque

Révisions : exercice 315, p. 98

Le son [g]
(g, gu)

Orthographe

Règle

Devant les voyelles **a**, **o**, **u**, ainsi que devant les consonnes **l** et **r**, la lettre **g** se prononce [g].
- la gare – gonfler – la figure – glisser – la grille

Pour obtenir le son [g] devant les voyelles **e**, **i**, **y**, il faut placer un **u** après le **g**.
- guérir – guider – Guy

Remarque : suivie de la consonne **n**, la lettre **g** se prononce [ɲ].
- la ligne – magnifique – un montagnard

---

252 **Recopie ces mots en complétant avec g ou gu.**

la …outte	né…atif	ai…iser	le four…on	une …êpe
la fati…e	un lé…ume	conju…er	l'ar…ument	le …rillon
la va…e	les …illemets	inau…urer	le re…ard	ful…urant
la mar…erite	le …arçon	le …ichet	la piro…e	la caté…orie
la …rille	la …alerie	le ver…las	l'an…oisse	aveu…le

253 **Recopie ces phrases en complétant les mots dans lesquels tu entends le son [g].**

La fumée du ci…re peut provoquer de graves maladies. — Les chanteurs s'accompagnent parfois à la …tare. — Gabriel a réglé la hauteur du …don de son vélo. — Dans la savane, le …pard chasse les …zelles. — Quand on n'a pas de …belet, on boit au …lot de la bouteille. — Une cuillérée de sirop …rit parfois du mal de …ge. — Trois cents fi…rants ont été embauchés pour tourner cette scène.

254 **Devinettes. Dans tous les noms, tu entends le son [g].**

Elle est la femelle du singe.	→ la …
La paix y met fin.	→ la …
Elle efface les traits du crayon.	→ la …
Elle s'oppose à la droite.	→ la …
Avec la locomotive, ils composent le train.	→ les w…
C'est un signe de ponctuation.	→ la vi…
On la passe à son doigt.	→ la ba…

▶ Vocabulaire à retenir _____

garder – gourmand – la grippe – la gloire – un légume – une galette – un glaçon
naviguer – une digue – la longueur – se déguiser – la guirlande – la langue

Révisions : exercice 316, p. 98

32ᵉ Leçon

Le son [ʒ] (j, g, ge)

Règle

Le son [ʒ] peut s'écrire :
- **j** devant les voyelles **a, e, o, u** : japper – un jeton – ajouter – la justice
- **g** devant les voyelles **e, i, y** : le linge – la bougie – la gymnastique
- **ge** devant les voyelles **a, o** : la vengeance – la rougeole

Comme il est difficile de choisir entre ces différentes écritures, il est prudent de consulter un dictionnaire.

★ **255** Recopie ces mots en complétant avec g ou ge.

un menson…e	un bour…on	rou…ir	le ré…ime	la rou…ole
le froma…e	allon…er	nua…eux	ména…er	un bou…oir
le …enre	le visa…e	un …énie	un corsa…e	la ré…ion
une na…oire	a…iter	ma…ique	imman…able	l'ar…ent
fra…ile	ran…er	un en…in	le cortè…e	un …igot

★★ **256** Recopie ces mots en complétant avec j ou g.

l'ora…e	la pa…e	l'éta…ère	ca…oler	la …ournée
rou…ir	…eudi	…anvier	…uste	…uin
la lar…eur	…oyeux	l'ar…ile	du …ambon	bon…our
le messa…e	coura…eux	un pro…et	déména…er	un sé…our
un siè…e	dé…à	un ob…et	le refu…e	le tra…et

★★★ **257** Recopie ces phrases en complétant les mots avec l'écriture du son [ʒ] qui convient.

Ce livre a cent pa…es. – Le sin…e amuse les enfants. – La ti…e de la rose porte des épines. – Les …endarmes arrêtent un voleur. – Le voya…eur porte ses baga…es. – Le navire a fait naufra…e. – La souris est prise au piè…e. – Le verbe s'accorde avec son su…et. – Les élèves du CM1 …ouent au volley à l'intérieur du …ymnase municipal. – Les noms propres commencent tous par une lettre ma…uscule. – Manuel man…e un énorme sandwich. – En chan…ant de stylo, tu écriras mieux.

▶ **Vocabulaire à retenir**

la neige – l'image – un géant – une gifle – diriger – l'énergie – geler – magique
le jeu – le jouet – le jardin – la jambe – juste – le rejet – jaune – joli
un plongeon – un pigeon – une nageoire – un bourgeon

Le son [f]
(f, ff, ph)

Orthographe

Règle

Le son [f] peut s'écrire :
- **f** : faux – fixer – réfléchir
- **ff** : difficile – une affiche – le coffre
- **ph** : le photographe – un éléphant

Comme il est difficile de choisir entre ces différentes écritures, il est prudent de consulter un dictionnaire.

258 Recopie ces mots en complétant avec **f** ou **ff**.

une …euille	l'éto…e	une gira…e	un chi…re	la gri…e
en…in	la sur…ace	le bu…et	…urieux	un …orage
si…ler	a…reux	o…rir	la …arine	s'e…ondrer
le …éminin	une a…aire	dé…iler	une agra…e	sacri…ier
une ra…ale	la con…iance	la …riture	e…ectuer	o…iciel

259 Recopie ces mots en complétant avec **f** ou **ph**.

le re…let	le triom…e	le par…um	l'or…elin	une gau…re
un paragra…e	un …énomène	une stro…e	un …are	ba…ouiller
la géogra…ie	le con…ort	le si…on	le pré…ixe	un nénu…ar
re…user	la pré…ecture	l'al…abet	la dé…inition	in…ini

260 Recopie ces phrases en complétant les mots avec l'écriture du son [f] qui convient.

Quand on a …roid aux doigts, il su…it d'en…iler des mou…les. — Après un e…ort …ysique, on a le sou…le court. — Pour atténuer la sou…rance du blessé, l'in…irmière lui …ait une piqûre. — Nous apprenons tout le re…rain de la chanson avec le pro…esseur de chant. — Ce gou…re est très pro…ond ; il est dé…endu de s'en approcher. — Le dau…in et le …oque sont des mammi…ères. — Le dimanche, pour trouver une …armacie ouverte, il …aut par…ois aller loin de chez soi. — Le pouce est le seul doigt qui n'a que deux …alanges. — L'atmos…ère de cette salle est étou…ante, car le chau…age est mal réglé. — Il est di…icile pour un …otogra…e de …ixer le vol d'un …aucon.

▶ **Vocabulaire à retenir** _____

profiter – la surface – la farine – le café – transformer – la soif
un chiffre – une coiffure – suffire – un chiffon – souffler
une photographie – le téléphone – l'éléphant – une phrase

Révisions : exercice 318, p. 99

34e

Leçon

m devant m, b, p

★ **261** Recopie ces mots en complétant avec m ou n.

une mo…tagne	co…tre	un exe…ple	atte…dre
lo…gte…ps	une la…terne	viole…t	une te…pête
resse…bler	re…porter	un co…bat	re…placer
une tra…che	e…ménager	nove…bre	e…brasser
re…contrer	un po…pier	un co…pteur	no…breux
une i…vitation	i…prévu	une tro…pette	un re…part

★★ **262** Recopie ces phrases en complétant avec le mot entre parenthèses
qui convient.

(quand – camp)

Je m'habille chaudement … il fait froid. — Les joueurs défendent leur … .

(chant – champ)

Admire le jaune de ce … de colza. — La chorale prépare un … pour la kermesse.

(contes – comptes)

Les enfants adorent les … de fées. — Avant d'acheter ce livre, tu … ton argent.

★★ **263** Recopie ces phrases en complétant les mots avec m ou n.

Au pri…te…ps, nous allons cueillir e…se…ble des jo…quilles. — Il n'y a plus de
lumière : il faut cha…ger l'a…poule. — Le si…ge gri…pe aux bra…ches des arbres
de la forêt tropicale. — L'i…parfait de l'i…dicatif est un te…ps du passé. — Avec
ces fra…boises, ferez-vous de la co…pote ou de la co…fiture ? — Trente-ci…q est
un no…bre i…pair. — Il ne faut pas ma…ger trop de bo…bo…s : cela abîme les
de…ts. — Quelle est la te…pérature aujourd'hui ? — En cette saison, l'eau est très
froide, alors les nageurs e…filent une co…bi…aison.

▶ **Vocabulaire à retenir** ────────────────────────

tomber – le combat – la jambe – une framboise – un membre – un timbre
la pompe – compter – une lampe – un champion – remplir – important – simple
emmêler – emmener – emmagasiner – emmitoufler

Révisions : exercice 319, p. 99

35ᵉ
Leçon

Le son [ã]
(an, en)

Règle

Le son [ã] peut s'écrire :
- **an** : le carburant – la danse – un volcan
- **en** : le calendrier – une invention – un mensonge
- **am** : la jambe – un tambour – un crampon
- **em** : emmener – remporter – trembler

Comme il est difficile de choisir entre ces différentes écritures, il est prudent de consulter un dictionnaire.

264 Recopie ces mots en complétant avec l'écriture du son [ã] qui convient.

la b…que	un diam…t	l'…bul…ce	une pl…che	le torr…t
compr…dre	une …tilope	r…ger	le cour…t	un ch…pion
une d…t	nov…bre	un alim…t	une ch…son	l'…poule
un h…gar	le b…c	un acc…t	…cien	un …ge
un ét…g	la p…te	le print…ps	l'…fer	un tr…plin

265 Recopie ces phrases en complétant les mots avec l'écriture du son [ã] qui convient.

En r…plaç…t l'…tenne par une parabole, on reçoit plusieurs chaînes. – On installe notre t…te sur l'…placem…t prévu pour les c…peurs. – L'artis… boul… ger va …baucher un appr…ti qui travaillera le dim…che. – La vi…de est si t… dre qu'elle se coupe facilem…t. – Le cli…t att…d son tour dev…t la caisse. – Aimes-tu les croiss…ts ? – Lorsqu'on se trouve au c…tre d'une ville, il faut faire att…tion à la circulation.

266 Recopie seulement les mots de ces phrases dans lesquels tu entends le son [ã].

Les vacances d'été se terminent bientôt. – La météo annonce du vent pour demain. – Cette année, Noël est un vendredi. – La foule applaudit le chanteur. – Mme Charles est une femme élégante. – Mon oncle Augustin possède une voiture puissante. – Dans le grand bassin, Théo nage sans ceinture. – Les enfants s'arrêtent devant les vitrines illuminées.

▶ **Vocabulaire à retenir** _____

une plante – un sanglier – demander – un hangar – ranger
l'enfant – le menton – encore – penser – tendre – vendre – apprendre

Révisions : exercice 320, p. 99

36ᵉ Leçon

Le son [ɛ̃] (in)

★ **267** **Recopie ces mots en complétant avec in ou ain.**

le magas…	le v…queur	le loint…	le l…ge	p…cer
le mat…	la m…	le chem…	une d…de	un moul…
un pant…	mal…	un gr…	un poul…	le lendem…
le refr…	un vois…	un mar…	contr…dre	soud…

★★ **268** **Recopie ces expressions en complétant les mots dans lesquels tu entends le son [ɛ̃].**

ét…dre la lumière	v…gt-deux jours	un exam… difficile
avoir mal aux r…s	arroser son jard…	aller au marché for…
choisir un nombre …pair	un mot …connu	un couss… très doux
les Jeux ol…piques	un écriv… itali…	att…dre le sommet

★★★ **269** **Recopie ces phrases en complétant les mots dans lesquels tu entends le son [ɛ̃].**

Le tr… est pl… ; il est …possible d'y monter. – Une s…ple ét…celle sur une br…dille peut provoquer un …cendie. – Le ch…panzé est un s…ge …telligent. – Ce message est …portant ; lis-le dès m…tenant. – Je suis cert… que cette eau est l…pide ; buvez-la sans cr…te. – Ton cous… revi…t d'un voyage en F…lande. – Le p…tre prend le plus grand soin de ses p…ceaux. – Je picore c…q gr…s de rais… sur une grappe de muscat. – Pour son proch… anniversaire, Gaspard aimerait bi… que son parr… lui offre des pat… à roulettes.

▶ **Vocabulaire à retenir**

le sapin – enfin – un engin – un vaccin – un pépin – un écrin – un matin
le parrain – une main – craindre – le bain – le train – la faim

Révisions : exercice 321, p. 99

37^e

La lettre h

Règle

Comme la lettre **h ne se prononce pas**, il est souvent difficile de savoir si cette lettre est présente.

En début de mot, lorsque le **h** est **muet**, on place une apostrophe et on fait la liaison.
- l'habitude → les‿habitudes   l'heure → les‿heures

En début de mot, lorsque le **h** est **aspiré**, il n'y a ni apostrophe ni liaison.
- le haricot → les haricots   la hauteur → les hauteurs

Il est toujours prudent de consulter un dictionnaire en cas de doute.

★ **270** Recopie ces mots en complétant avec la lettre h, si nécessaire.

l'…orloge	l'…éritage	…ésiter	…abile	l'…ombre
l'…épine	…ériter	…abituel	l'…orizon	l'…élice
…onnête	…abondant	l'…orange	l'…étranger	…urler
…absent	l'…opération	l'…élicoptère	…uit	…umain
l'…oraire	l'…épreuve	…armoniser	…affreux	l'…unité

★★ **271** Recopie ces phrases en complétant avec la lettre h, si nécessaire.

Les …abitants sont …eureux : la commune …offre un feu d'…artifice pour le 14 Juillet. − Une bonne …ygiène de vie …assure une bonne santé. − Le …ibou est un …oiseau de nuit. − La …aine est un sentiment …orrible. − C'est un …onneur d'être champion …olympique. − …ier, ce conducteur …imprudent a …eurté un …obstacle. − Tu cours à perdre …aleine et tu es …essoufflé. − Les …écologistes sont …ostiles à l'…installation de cette …usine. − En …iver, il ne faut pas se …asarder dans ce …ameau …isolé.

★★ **272** Écris ces noms au singulier. Lis-les à voix haute pour t'aider.

les herbes → l'herbe

les habits	les haies	les hublots	les histoires
les haricots	les haillons	les hanches	les hérons
les hésitations	les hameçons	les hamsters	les hérissons
les hippopotames	les hochets	les homards	les housses

▶ **Vocabulaire à retenir**

le héros − le hangar − le hasard − la hache − la haie − le harpon
l'hôpital − l'huile − l'hirondelle − l'horreur − l'hôtel − l'homme

Révisions : exercice 322, p. 99

38e Leçon

Les consonnes doubles

Règle

Une consonne peut être doublée :
- **– entre deux voyelles** :
un ballon – suffire – une pomme – accorder – la terreur
- **– entre une voyelle** et les consonnes **l** et **r** :
siffler – appliquer – mettre – accrocher

Lorsqu'une consonne est doublée, il n'y a **jamais d'accent** sur la voyelle qui précède.
- une pierre – promettre – une chienne – presser

Il est toujours prudent de consulter un dictionnaire en cas de doute.

★ **273** **Recopie ces mots en complétant avec une consonne simple ou une consonne double.**

l ou ll

la vi…e	la co…ine	l'éche…e	le texti…e
s'é…oigner	la co…onne	la bu…e	tranqui…e
appe…er	la pâ…eur	un rô…e	le mi…ieu
la co…e	emba…er	s'insta…er	un mi…ion

r ou rr

la baga…e	cou…ir	la pu…ée	te…ible
le ba…age	mou…ir	un ma…on	un frè…e
la ga…e	nou…ir	le ma…iage	le si…op
la ba…aque	sou…ire	boi…e	un ve…e

f ou ff

le gou…re	un chi…re	gri…er	étou…er
un co…re	le pla…ond	le coi…eur	le sou…leur
les in…ormations	une agra…e	un o…icier	une gi…le
une cara…e	une gira…e	l'éto…e	dé…aire

t ou tt

qui…er	un sou…errain	un po…eau	gra…er
écou…er	une ba…erie	l'a…errissage	l'au…obus
une boî…e	une bê…e	le gâ…eau	se blo…ir
une bo…e	honnê…e	une servie…e	ne…oyer
se ba…re	une tempê…e	une gou…e	un goû…er

★ **274** **Recopie ces mots en complétant avec une consonne simple ou une consonne double.**

n ou nn

un ma…equin	le dî…er	une pa…e	a…oncer
un pa…eau	la so…ette	l'ante…e	la tisa…e
une ma…ivelle	réu…ir	l'a…iversaire	l'e…emi
un crâ…e	un bo…et	le to…erre	une cabi…e

m ou mm

l'i…euble	le so…et	une co…ande	un gra…e
i…ense	la fla…e	le fro…age	l'écu…e
une i…age	la gra…aire	une so…e	le co…erce
mê…e	une to…ate	un légu…e	do…age

p ou pp

la na…e	le cale…in	co…ier	stu…éfiant
écha…er	su…oser	la su…erficie	une tra…e
l'a…étit	galo…er	le su…lice	é…uisant
la gri…e	un a…areil	l'o…osition	l'o…éra

★★ **275** **Recopie ces phrases en complétant avec le mot qui convient.**
★
mâle – malle

Les jouets sont rangés dans une … en osier. – Le … de la biche porte des bois.

pâte – patte

Ce chien tend la … pour avoir une caresse. – La … de cette tarte est délicieuse.

rênes – rennes

Le cavalier tient les … de son cheval. – En Laponie, les … supportent le froid.

mètres – mettre

Quel est le record du monde du cent … plat ? – Tu dois … ta montre à l'heure.

★★ **276** **Recopie ces phrases en complétant les mots avec une consonne**
★★ **simple ou une consonne double.**
★
Dimitri cueille une gra…e de rai…in blanc. – La secré…aire place une le…re dans une enve…o…e viole…e. – Pour sau…er la ba…iè…e, il faut s'é…ancer de très loin. – L'achat de ce bu…et ancien est une o…asion exceptio…e…e. – Si vous a…ez faire des co…issions, pensez à ache…er des caro…es. – La ba…eine est un ma…ifère et non un poi…on. – Fabien a cassé sa raque…e de te…is en fra…ant le fi…et. – La danseuse lace ses chau…ons avant le dé…ut du ba…et. – Le spéléo…ogue explore les gro…es et les gou…res ; il fait a…ention car le te…ain est a…identé.

❱ **Vocabulaire à retenir** _____

la balle – une femme – une année – un tonneau – frapper – la flotte
les lunettes – l'arrivée – la fourrure – la nourriture – la terrasse

Orthographe

Révisions : exercice 323, p. 100

Les noms terminés par le son [e] (-er, -ée, -é)

39ᵉ Leçon

Règle

Les **noms masculins** terminés par le son [e] s'écrivent le plus souvent en **-er**.
- le plombier – le sanglier – l'escalier – le gravier

Comme il existe d'autres terminaisons, il est prudent de consulter un dictionnaire.
- le blé – le défilé – le musée – le nez – le pied

Les **noms féminins** terminés par le son [e] s'écrivent en **-ée**.
- la soirée – la poignée – une pensée – l'arrivée
Exception : la clé (ou la clef)

Les **noms féminins** terminés par les sons [te] ou [tje] s'écrivent en **-é**.
- la beauté – la fidélité – la moitié – la pitié
Exceptions : la montée – la dictée – la jetée – la portée – la pâtée

---

★ **277** Recopie ces noms en plaçant un article (**un ou une**).

… sentier	… liberté	… propriété	… courrier	… éternité
… dictée	… curé	… armée	… foyer	… matinée
… pré	… nouveauté	… pincée	… carré	… lycée

★★ **278** Recopie en complétant ces noms avec l'écriture du son [e] qui convient.

l'amiti…	un routi…	une rang…	le karat…	la gaiet…
un trépi…	un pav…	une sociét…	un terri…	un bouch…
l'obscurit…	un verg…	un méti…	la chemin…	un degr…

★★★ **279** Recopie ces phrases en complétant les noms avec l'écriture du son [e] qui convient.

La fum… de cigarette nuit à la sant… . – Le voili… est amarré à l'extrémit… de la jet… . – La réalit… dépasse-t-elle la fiction ? – À la tomb… de la nuit, Vénus est la première planète à briller. – La fus… spatiale a décollé en fin de soir… . – Le naufrag… s'accroche à la bou… de sauvetage. – L'ouvri… creuse une tranch… . – On n'entre pas dans une mosqu… sans quitter ses souli… .

▶ **Vocabulaire à retenir**

un escalier – un boulanger – un pommier – le café – le pâté – le blé – le côté
une poupée – la purée – une année – la société – la bonté – l'amitié

Révisions : exercice 324, p. 100

Les noms terminés par le son [ɛ] (-et, -aie)

40ᵉ Leçon

Règle

La plupart des **noms masculins** terminés par le son [ɛ] s'écrivent en **-et**.
- un jouet – un objet – un sommet – un cachet

Comme il existe d'autres terminaisons, il est prudent de consulter un dictionnaire.
- le remblai – le portrait – l'arrêt – le marais – le succès

Les quelques **noms féminins** terminés par le son [ɛ] s'écrivent en **-aie**.
- la haie – la raie – la palmeraie

Exceptions : la forêt – la paix

280 **Recopie en complétant ces noms avec l'écriture du son [ɛ] qui convient.**

un tr…	un rab…	un rel…	un déc…	un ess…
le mugu…	le déch…	le harn…	le bracel…	l'œill…
une bananer…	un boul…	le gen…	un sorb…	le secr…
la pag…	le siffl…	un intér…	un nav…	un regr…

281 **Recopie ces phrases en complétant les noms avec l'écriture du son [ɛ] qui convient.**

La p… est préférable à la guerre. – Une cuisse de poul…, c'est un vrai délice ! – Prends un bal… pour nettoyer le parqu… . – Les voyageurs attendent le TGV sur le qu… n° 4. – Mme René effectue un retr… au guich… de la banque. – En sciant du bois dans la for…, Valentin s'est coupé : il a une pl… au poign… . – Le skieur achète un forf… avant de prendre le télésiège. – Christopher va dans la roser… cueillir un bouqu… . – L'alphab… franç… compte vingt-six lettres.

282 **Devinettes. Tous les noms se terminent par le son [ɛ].**

Avec elle, on peut écrire sur un tableau noir.	→ la c…
Quand on ouvre celui du lavabo, l'eau coule.	→ le r…
La caissière la rend.	→ la m…
Si on l'oublie, on a froid aux oreilles.	→ le b…
Sans lui, il n'y a pas de fromage ni de yaourt !	→ le l…

▶ **Vocabulaire à retenir**

le secret – le paquet – le duvet – le sujet – le filet – le buffet – le sachet
la plaie – la monnaie – la haie – la craie – la forêt – la paix

Orthographe

Révisions : exercice 325, p. 100

Leçon 41e — Les noms terminés par le son [j] (-ille, -il)

Règle

Les **noms féminins** terminés par le son [j] s'écrivent en **-ille**.
- la bouteille – la muraille – la rouille

Les **noms masculins** terminés par le son [j] s'écrivent en **-il**.
- l'appareil – le travail – le seuil

Exceptions : les noms formés avec le nom « feuille » s'écrivent en **-ille**.
- le portefeuille – le millefeuille – le chèvrefeuille

★ **283** Recopie ces mots en complétant avec un article (un ou une).

… patrouille	… émail	… fauteuil	… conseil	… grenouille
… veille	… corbeille	… orteil	… deuil	… soupirail
… rail	… portail	… fouille	… rocaille	… bataille
… paille	… citrouille	… détail	… feuille	… attirail
… abeille	… groseille	… volaille	… épouvantail	… grisaille

★★★ **284** Devinettes. Tous les noms se terminent par le son [j].

Quand il sonne, on se lève !	→ le r…
Celle en or est pour le vainqueur.	→ la m…
Dans les mers chaudes, il forme des barrières.	→ le co…
Au tricot, elle est à l'endroit ou à l'envers.	→ la m…
Les poissons en sont recouverts.	→ les é…
Sans elles, nous n'avons pas de miel.	→ les a…

★★★ **285** Recopie ces phrases en complétant les noms avec l'écriture du son [j] qui convient.

Le feu s'est propagé dans les broussa… du sous-bois. — Les joueurs de basket ont une ta… au-dessus de la normale. — Tu as fait une trouva… parmi ce tas de ferra… : un vieil appare… téléphonique ! — Comme il fait froid, je mets un chanda… de laine. — Pour se rafraîchir, la marquise agitait un éventa… . — Tu ne m'écoutes que d'une orei… distraite. — Je verse de la sauce tomate sur mes nou… . — L'écureu… fait des provisions de noisettes. — Un peu d'a… et de cerfeu… sur le fenou… : voilà un plat délicieux. — Il fait beau ; le béta… est dans le pré.

▶ **Vocabulaire à retenir**

le corail – le travail – le soleil – le seuil – l'accueil – l'écueil – l'orgueil – le recueil – l'œil
la taille – une merveille – une grenouille

Révisions : exercice 326, p. 100

42e Leçon

Les noms terminés par le son [œR] (-eur)

Règle

Les noms masculins et féminins terminés par le son [œR] s'écrivent en **-eur**.
- le chauffeur – un baladeur – la douceur – la vigueur

Exceptions : le beurre – l'heure – la demeure

Certains noms s'écrivent avec un **o** et un **e** liés.
- le cœur – la sœur – la rancœur – le chœur

★ **286** **Recopie ces phrases en complétant les noms avec l'écriture du son [œR] qui convient.**

Le capitaine de l'équipe de rugby a eu l'honn… de soulever la coupe. – L'explorat… n'a pas p… de s'aventurer dans la jungle. – Tu as fait une err… ; vérifie tous tes calculs. – Le vend… présente divers modèles de télévis… à des achet… indécis. – Le direct… de l'école discute avec les profess…. – En voiture, Rachida a mal au c… ; elle essaie de ne pas y penser.

★★ **287** **Donne le nom de celui qui effectue ces actions.**

Celui qui campe. → le camp**eur**

Celui qui joue.	Celui qui patine.	Celui qui pêche.
Celui qui entraîne.	Celui qui livre.	Celui qui visite.
Celui qui court.	Celui qui jongle.	Celui qui parie.
Celui qui voyage.	Celui qui chasse.	Celui qui rêve.
Celui qui triche.	Celui qui coiffe.	Celui qui danse.

★★★ **288** **Devinettes. Tous les noms se terminent par le son [œR].**

En notre absence, il prend les messages téléphoniques. → le ré…
Ils éclairent la scène d'un théâtre. → les pr…
Sans essence, celui d'une voiture ne fonctionne pas. → le m…
On l'étale sur les tartines du petit-déjeuner. → le b…
Dans un vase, elles forment un bouquet. → les f…
C'est un avion sans moteur. → un pl…
Avec lui, on monte les étages sans effort. → l'asc…

▶ **Vocabulaire à retenir** ───────────────

la vapeur – l'odeur – une couleur – la douleur – le docteur – le seigneur
le beurre – l'heure – la demeure – le cœur – la sœur

Révisions : exercice 327, p. 100

Les noms terminés par le son [waʀ] (-oir)

43e Leçon

Les **noms féminins** terminés par le son [waʀ] s'écrivent tous en **-oire**.
- la mémoire – la gloire – une histoire

Les **noms masculins** terminés par le son [waʀ] s'écrivent souvent en **-oir**.
- le tiroir – le couloir – le désespoir

Exceptions : le laboratoire – le répertoire – le territoire – un observatoire

---

★ **289** Recopie ces noms en plaçant un article (**un ou une**).

… pouvoir	… rôtissoire	… séchoir	… espoir	… poire
… soir	… perchoir	… pourboire	… rasoir	… auditoire
… plongeoir	… accoudoir	… bougeoir	… armoire	… abreuvoir
… suppositoire	… foire	… dortoir	… manoir	… parloir

★★ **290** Recopie ces phrases en complétant les noms avec l'écriture du son [waʀ] qui convient.

La méchante reine procède à l'interrogat… de son mir… magique. — Grâce à sa mém…, Jules n'a pas besoin de consulter son répert… . — Le chimiste fait des expériences dans son laborat… . — Les voitures sont bien garées le long du trott… . — Quand on est enrhumé, un mouch…, c'est utile. — Les légumes s'égouttent dans la pass… . — Le peign… de bain a de grosses fleurs rouges. — Les joueurs fêtent leur vict… en chantant. — Pour remplir les bouteilles, un entonn… serait bien pratique. — Les produits les plus vendus sont sur le présent… du haut. — La nage… dorsale de ce requin est impressionnante. — De son observat…, l'astronome suit la traject… de la fusée et attend que le réserv… de carburant soit éjecté.

★★★ **291** Écris les noms terminés par le son [waʀ] qui correspondent à chaque verbe.

sauter → le saut**oir**

laver	arroser	se baigner	compter	se balancer
manger	gratter	remonter	hacher	mâcher
observer	patiner	abattre	presser	conserver

▶ **Vocabulaire à retenir**

le trottoir – le tiroir – le rasoir – le mouchoir – le laboratoire – le territoire
la gloire – l'histoire – la mémoire – l'armoire – la mâchoire – la victoire

Révisions : exercice 328, p. 101

Les homophones

Règle

Les homophones sont des mots qui **se prononcent de la même manière** mais qui **s'écrivent différemment**. Ils n'ont jamais le même sens.
- un compte en banque – un conte de fées – le comte de Monte-Cristo

Pour trouver la bonne orthographe, il faut s'aider du sens de la phrase ou des mots qui entourent l'homophone.
En cas de doute, il est prudent de vérifier dans un dictionnaire.

★ **292** Recopie ces expressions en remplaçant les mots en gras par les mots entre parenthèses qui conviennent.

(bidon – bond – stupide)

le **saut** du cheval   un garçon **sot**   un **seau** d'eau

(terrain – directeur – enfiler)

le **maître** d'école   **mettre** un manteau   mesurer un **mètre**

(dessine – gâteau – arbre)

un **pain** au chocolat   l'ombre d'un **pin**   Il **peint** un paysage.

★★ **293** Recopie ces phrases en complétant avec le mot entre parenthèses qui convient.

(voie – voix)

Je reconnais la … grave de Rémi. – La … ferrée longe l'autoroute.

(plans – plants)

Le jardinier arrose ses … de courgettes. – L'architecte dessine les … de la maison.

(sang – cent – sent)

Un siècle, c'est … ans. – Le … circule dans le corps. – Ça … bon ici !

★★★ **294** Recopie ces phrases en complétant avec un homophone du mot entre parenthèses.

Pascal déjeune d'un œuf à la … (le coq). – C'est un événement : la … (le renne) épouse un simple berger ! – Le cavalier se tient droit sur sa … (le sel). – Un peu de … (le ton) dans une salade verte, c'est délicieux. – Ce petit voilier n'est plus qu'un … (le poing) sur l'horizon. – On irrigue très souvent ce … (le chant) de maïs. – La nuit, le … (le fard) permet aux marins d'éviter les écueils.

▶ **Vocabulaire à retenir** ───────────

le **mal** de tête – le **mâle** de la biche – une lourde **malle**
une **paire** de bottes – un nombre **pair** – le **père** de famille

Révisions : exercice 329, p. 101

Orthographe

Les lettres muettes en fin de mot

Règle

On peut parfois trouver la **consonne muette finale** d'un mot :
- en formant le féminin, s'il existe : le chat → la chatte   blanc → blanche
- en cherchant un mot de la même famille : le toit → la toiture

On entend alors la lettre finale.

Il est toujours prudent de consulter un dictionnaire en cas de doute.

★ **295** **Écris les noms masculins qui correspondent à ces noms féminins.**

une marquise → un marquis

une adjointe	une figurante	une renarde	une parente
une concurrente	une absente	une Française	une bourgeoise
une ignorante	une montagnarde	une candidate	une villageoise
une vagabonde	une Chinoise	une habitante	une commerçante

★★ **296** **Recopie et complète ces noms. Justifie la lettre muette finale en donnant un mot de la même famille.**

la dent → le dentiste

le cha...	le chan...	le cam...	le débu...	le regar...
le boi...	le dra...	un li...	un bor...	un frui...
le lar...	le do...	un écla...	un poignar...	le réci...
le sau...	un accro...	le galo...	le tro...	le lai...

★★ **297** **Écris des noms terminés par une lettre muette de la même famille que ces mots.**

venté → le vent

le quartier	portuaire	un tronçon	l'intrusion	la porcherie
torrentiel	fracasser	la poignée	la teinture	proposer
universel	sourciller	combattre	flancher	la rizière

★★ **298** **Devinettes. Tous les noms ont des consonnes finales muettes.**

Pour se baigner, il faut en porter un.	→ un m...
Quand on se coupe, on en perd un peu.	→ du s...
Quand on est assis au premier, on voit mieux le spectacle.	→ le r...
L'index en est un.	→ le d...
L'oiseau y pond ses œufs.	→ le n...
Il permet de franchir les rivières.	→ le p...

299 Utilise l'adjectif féminin pour écrire l'adjectif masculin comme il convient.

une femme savante → un homme …
une réponse franche → un regard …
une élève bavarde → un élève …
une grimace laide → un costume …
une jongleuse adroite → un jongleur …
une surface plate → un terrain …
une cliente patiente → un client …

une lourde valise → un … paquet
une courte paille → un … trajet
une journée grise → un ciel …
une table basse → un meuble …
une viande grasse → un bifteck …
une mèche blonde → un enfant …
une question précise → un mot …

300 Recopie ces phrases en complétant avec un mot de la même famille que le mot entre parenthèses.

Roxane n'a pris qu'une petite … (partager) du gâteau. − M. Laniel apprécie le … (confortable) de son appartement. − Cet été, Mme Vannier a fait un … (grandir) voyage à travers l'Est des États-Unis. − Taille ton crayon car ton trait est trop … (l'épaisseur). − Anouk a trouvé la solution du problème par … (hasarder). − L'Italie est un … (le paysage) de l'Union européenne. − On dit que la natation est un … (sportif) complet. − L'avion de Madrid est en … (retarder). − As-tu trouvé l'… (intrusion) dans cette liste de mots ?

301 Recopie ces phrases en complétant avec un mot de la même famille que le mot entre parenthèses. Attention aux accords !

Jason s'est pris les pieds dans le … (la tapisserie) et il est tombé. − Un bon ouvrier prend soin de ses … (l'outillage). − Aline parle avec des … (sangloter) dans la voix. − Tu as trouvé un … (tasser) de vieux jouets dans le grenier. − Les infirmiers déposent le blessé sur un … (le brancardier). − Ma grand-mère ne lâche jamais son … (tricoter) ; c'est son passe-temps. − M. Barrel soigne ses … (planter) de tomates. − Il est désormais interdit d'utiliser des tuyaux en … (plombier).

302 Recopie ces expressions en complétant les mots par une lettre muette, si nécessaire.

boire du siro… de fraises
faire un bon… repa…
crier au secour…
défaire un nœu… bien serré
voir une perdri… s'envoler
porter un foular… bleu…
résoudre un rébu…
participer à un concour…

cueillir du lila… blan…
pêcher dans un étan… profon…
porter un pantalon… en velour…
manger un radi… noir…
refuser de fumer du taba…
tracer un cercle avec un compa…
placer une croi… dans la bonne case
déguster une tablette de chocola…

▶ **Vocabulaire à retenir**

un achat – un lit – le bois – le bord – le lait – un parent – un regard – un soldat
rond – bas – grand – petit – blanc – profond – froid – gros – gris

Les familles de mots

Règle

À partir d'un mot (ou d'un élément), le **radical**, on peut former des mots de la même famille en ajoutant des préfixes ou des suffixes.

- ménage → le dé-ménage-ment
    - préfixe — suffixe
- pose → reposer – déposer – supposer – superposer – la position
- jour → la journée – ajourner – le journaliste – journalier – le séjour

Parfois le radical est modifié.

- main → les menottes – la manette – manuel – la manucure – un manuscrit

★ **303** Copie ces mots, entoure le radical et souligne les préfixes.

survenir	apprendre	redire	comparaître	refait
prévenir	surprendre	médire	apparaître	défait
devenir	comprendre	prédire	reparaître	surfait

★ **304** Copie ces mots, entoure le radical et souligne les suffixes.

le partage	une paillasse	piquant	la course	décorer
la partie	un paillasson	le piquet	courant	la décoration
une particule	une paillote	le piquage	un coureur	décoratif

★★ **305** Recopie ces mots et, pour chaque colonne, entoure le mot qui n'est pas de la même famille.

la fabrique	la menace	l'orifice	le poignet	un rondin
un fabricant	menacer	orienter	empoigner	une rondelle
fabuleux	menaçant	l'Orient	la pointure	une ronce
fabriquer	la ménagerie	l'orientation	la poignée	arrondir

★★ **306** Recopie ces mots et classe-les en quatre familles.

le vitrail – vital – un bouillon – le brouillard – une vitamine – une vitre – un brouillon – bouillant – une vitrine – la vitalité – une bouillotte – débrouillard – un vitrier – vivant – embrouiller – une bouillie

★★ **307** Écris un mot de la même famille que ces mots en ajoutant, pour chaque colonne, le même préfixe.

monter → …	possible → …	agrafer → …	adroit → …
finir → …	patient → …	infecter → …	habile → …
coller → …	buvable → …	armer → …	heureux → …

308 Écris un mot de la même famille que ces mots en ajoutant, pour chaque colonne, le même suffixe.

le spectacle → spectaculaire

adorer → l'…	couper → la …	grand → la …	un délice → …
habiter → l'…	signer → la …	long → la …	la chance → …
planter → la …	couvrir → la …	large → la …	la colère → …
explorer → l'…	blesser → la …	chaud → la …	le nombre → …

309 Recopie ces phrases en complétant avec un mot de la même famille que le mot entre parenthèses. Utilise des préfixes et/ou des suffixes.

(nourrir)

Le lait est vraiment un aliment très … . – Cyril est trop petit pour aller à l'école ; c'est une … qui le garde. – Beaucoup d'enfants n'ont, malheureusement, qu'un peu de riz pour toute … . – Les poulets de Bresse sont … principalement avec du maïs.

310 Recopie ces phrases en complétant avec un mot de la même famille que le mot entre parenthèses. Utilise des préfixes et/ou des suffixes.

(chauffer)

Dans sa maison, Abdel a installé un … solaire. – Le … du taxi ralentit en s'approchant de l'école. – La cuve à mazout se trouve près de la … . – Frigorifié, Sandra se … près du radiateur. – Les … mettent les autres automobilistes en danger. – Le campeur place sa casserole sur un petit … à gaz.

311 À partir des définitions, trouve ces noms tous formés avec le même préfixe.

Un boîtier qui permet d'allumer un appareil à distance.	→ une …
Un appareil qui permet de se parler à distance.	→ un …
La transmission d'images par les ondes ou par câble.	→ la …
Un instrument avec lequel on observe les étoiles lointaines.	→ un …
Installation qui permet de tirer les skieurs en haut des pistes.	→ un …

312 À partir des définitions, trouve ces noms tous formés avec le même suffixe.

Un ensemble d'animaux gardés par un berger.	→ un t…
Un véhicule qui glisse sur la glace ou la neige.	→ un t…
Dans une classe, panneau mural sur lequel on écrit.	→ un t…
Un petit cours d'eau.	→ un r…
Un instrument avec lequel on peint.	→ un p…
Un outil pour enfoncer les clous.	→ un m…

❱ **Vocabulaire à retenir** _____

monter – démonter – le montage – le monteur – remonter – la montée – la monture
la marque – remarquer – un marqueur – remarquable – se démarquer – marquant

Révisions : exercices 331 à 333, p. 101

Révisions

313 Recopie ces mots en plaçant les accents aigus ou graves oubliés, si nécessaire.

la variete	voila	une auberge	resumer	la poesie
la misere	la moitie	l'arriere	un dessin	un cortege
perdu	un carnet	precieux	un caractere	celebre
le preau	un athlete	une echelle	descendre	excellent
une allee	le benefice	un effort	eclater	**Voir leçon 28**

314 Recopie ces phrases en complétant les mots dans lesquels tu entends le son [s] ou le son [z].

Arrivé troi…ième, Remi remporte la médaille de bron…e. – Le lé…ard pare…e au …oleil ; il re…te immobile pendant des heures. – L'arrivée des clowns a fait sen…a…ion ; ils ont bou…culé les jongleurs. – À l'i…ue du con…ert, les …pectateurs sont dé…us : les mu…i…iens jouaient trop fort. – Les deux termes de la néga…ion se pla…ent avant et après le verbe conjugué à un temps …imple. – En rempla…ant l'héli…e du bateau, on a abîmé le gouvernail. **Voir leçon 29**

315 Devinettes. Dans tous les mots tu entends le son [k].

C'est le contraire d'avancer.	→ r…
Il s'enfonce avec un marteau.	→ le c…
Elle permet d'allumer la télévision à distance.	→ la té…
Ceux qui n'ont pas de cheveux en portent parfois une.	→ une pe…
Dans ce sport, on marque des paniers.	→ le ba…
Quand on l'a, il faut boire un verre d'eau.	→ le ho… **Voir leçon 30**

316 Recopie ces phrases en les complétant avec les mots dans lesquels tu entends le son [g].

La …le de ce molosse est impressionnante. – Le …dien de but a détourné un tir violent. – …illaume dé…uste un …âteau au chocolat ; il en apprécie le …oût un peu amer : quel …ourmand ! – Apprendre à jouer de la …tare exige un entraînement ri…reux. – À la …re, il n'y a plus que des …ichets automatiques. – Le voilier évolue au milieu des va… ; son allure est pourtant ré…lière. – Pour le carnaval, Samantha se dé…se en marquise ; elle est élé…ante. **Voir leçon 31**

317 Recopie ces phrases en complétant les mots avec l'écriture du son [ʒ] qui convient.

En bou…ant brusquement, …oëlle a ressenti une douleur au …enou. – Nous envisa…ons un voya…e en É…ypte. – …essica échan…e cette …upe qui ne lui plaît pas. – Un bon petit-dé…euner doit être accompagné d'un …us d'oran…e. – Il ne faut …amais …ouer avec les allumettes : c'est dan…ereux. – …osé effectue un magnifique plon…on, puis il na…e jusqu'à la bouée …aune. **Voir leçon 32**

318 Recopie ces phrases en complétant les mots avec l'écriture du son [f] qui convient.

Lors d'un sa…ari, on découvre les élé…ants, les gira…es et d'autres animaux. — Dans ce nombre, quel est le chi…re des centaines ? — Le dé…i est de taille : traverser l'océan à la rame ; gare aux ra…ales de vent ! — Dans ce co…re à bijoux, on peut admirer une bague avec un magni…ique sa…ir. — Le pro…esseur a…iche le programme de la semaine. — Il ne su…it pas de posséder une calculatrice pour résoudre un problème di…icile ; il …aut bien ré…léchir. — Le chau…eur a réglé les …ares de son camion avant de prendre la route. **Voir leçon 33**

319 Écris le contraire de ces adjectifs en utilisant les préfixes in- ou im-.

pur → **im**pur

certain	patient	calculable	parfait	possible
cassable	prévoyant	déchiffrable	différent	précis
prévisible	disponible	mangeable	vaincu	conscient
mortel	populaire	buvable	tolérable	**Voir leçon 34**

320 Recopie ces phrases en complétant les mots avec l'écriture du son [ã] qui convient.

Qu…d il …tend du bruit, le canard bl…c s'…vole et quitte l'ét…g. — Cédric dem…de au v…deur de lui prés…ter des p…talons. — Les marcheurs …pruntent les s…tiers de r…donnée. — Qu…d le t…ps est menaç…t, r…trez d…s la maison. — Les premiers concurr…ts …tament le dernier tour avec deux minutes d'av…ce. — Cet artis… va …baucher un appr…ti. — Comm…t un gymnaste peut-il pr…dre son él… s'il n'y a pas de tr…poline ? **Voir leçon 35**

321 Recopie ces phrases en complétant avec le mots entre parenthèses qui convient.

(pin – pain)
Aimes-tu ce petit … au chocolat ? — Tu t'allonges à l'ombre d'un … .
(vin – vain)
Tu cherches en … ton crayon. — M. Merlin ne boit jamais une goutte de … .
(fin – faim)
À la … du film, tout le monde est heureux. — Ce sandwich calmera votre … .
(bain – bien)
Je prends un … . — La sonnerie de ton téléphone est … trop élevée. **Voir leçon 36**

322 Recopie ces phrases en complétant avec la lettre h, si nécessaire.

Par un …eureux …asard, j'ai rencontré un …ami qui …abite le même quartier que moi. — Quand on s'…adresse à un …adulte, il ne faut pas …urler, ni même …ausser la voix. — Une salade d'…endives avec une sauce à l'…uile d'…olive, c'est un régal. — Grégory est en retard ; il s'…abille à la …âte. — Un …immense …angar …abrite les …avions des compagnies …aériennes. — L'…oraire de ce train est affiché …uit minutes avant son départ. **Voir leçon 37**

Orthographe

323 **Recopie ces phrases en complétant les mots avec une consonne simple ou une consonne double.**

Patrice porte un a…areil dentaire de…uis quelques se…aines. — Une plante qui n'est pas a…osée dépé…it. — Les pa…ents consultent le pa…eau d'a…ichage à la porte de l'école. — L'é…ission pré…érée de Julien débu…e dans une dizai…e de mi…utes. — Qui se cache de…ière la pa…issade ? — Pour a…eindre le so…et de ce sa…in, il faut u…iliser une éche…e. — As-tu déjà goû…é de la crè…e de ma…ons ? — Le roi, assis sur le trô…e, porte une cou…o…e. **Voir leçon 38**

324 **Recopie ces phrases en complétant les mots avec l'écriture du son [e] qui convient.**

Ces camarades sont liés par une amiti… sincère. — Sans l'électricit…, la vie serait difficile. — La curiosit… pousse les voisins sur le pali… : ils ont entendu du bruit. — Avez-vous bien lu l'énonc… ? — En fin de soir…, un défil… de majorettes a clôturé la fête du quarti…. — La travers… de la rivière à la nage n'est pas sans dang…. — Le sangli… s'est caché dans un fourr…. — Le match de tennis oppose un gauch… à un droiti…. — La beaut… de la f… éblouit le jeune prince. **Voir leçon 39**

325 **Écris le nom terminé par le son [ɛ] qui correspond à chaque mot.**

un bras → un bracelet

piqueter	une poule	souhaiter	une cabine
extraire	regretter	intéresser	progresser
remblayer	un sac	prêter	lacer
ricocher	un livre	forestier	**Voir leçon 40**

326 **Recopie ces phrases en complétant les mots avec l'écriture du son [j] qui convient.**

Plier une feu… de papier en sept, ce n'est pas facile ! — Grand-père s'endort dans son faut… en regardant la télévision. — Pour te protéger du sol…, tu portes un chapeau de pa…. — La ve… de Noël, les enfants déposent leurs chaussures au pied du sapin. — Ce morceau de ferra… est rongé par la rou…. — On nous a servi une salade de foie de vola…. — Ivan sort une boute… d'eau du réfrigérateur. — Le gardien a oublié de fermer le porta… de l'école. — Une épaisse mura… protège la citadelle. — Une piqûre d'abe… peut être douloureuse. **Voir leçon 41**

327 **Recopie ces phrases en complétant les mots avec l'écriture du son [œʀ] qui convient.**

La s… de Balthazar est en pl… : son chat a disparu. — Un bon lect… va rapidement d'un mot à l'autre. — Le batt… donne le rythme aux musiciens. — Quelle est la haut… de la tour Eiffel ? — Le ski… débutant prend une h… de cours avec un monit…. — L'animat… de l'émission présente des chant…. — Boucle d'or vivait dans une simple dem… au milieu de la forêt. — L'agricult… laboure ses champs avec son tract…. **Voir leçon 42**

328 Recopie ces phrases en complétant les mots avec l'écriture du son [waʀ] qui convient.

Les piétons circulent sur le trott… . — Comme je transpire, je sors mon mouch… . — Les supporters ont fêté la vict… de leur équipe. — Une balanç… est installée dans la cour. — En apprenant des poésies, on fait travailler sa mém… . — Il y a un petit esp… de retrouver ces explorateurs égarés dans la forêt. **Voir leçon 43**

329 Recopie ces phrases en complétant avec un homophone du mot entre parenthèses.

(quart) Kévin prend le … de ramassage. — (coup) Je porte une écharpe autour du … . — (mère) Elles partent en vacances au bord de la … . — (peau) Tu renverses le … à eau. — (plaine) La salle des fêtes est … . — (roux) Le pneu est crevé ; le conducteur doit changer la … . — (ballet) La sorcière se déplace sur un manche à … . — (foie) Le cuisinier a lavé trois … la salade. **Voir leçon 44**

330 Recopie ces phrases en complétant les mots par une ou des lettres muettes, si nécessaire.

Cet îlo… est un vrai… paradi… . — Que serait un ordinateur sans sa souri… ? — On dit parfoi… que la vérité se trouve au fon… du pui… . — Le mécanicien… a les mains pleines de camboui… . — Pour ôter la poussière, tu donnes un bon cou… de balai… . — Maximilien a tro… mangé ; il a un poi… sur l'estoma… . — Le gro… cha… blan… fait un bon… sur le toi… . **Voir leçon 45**

331 Recopie ces phrases en complétant avec un mot de la même famille que le mot entre parenthèses. Utilise des préfixes ou des suffixes.

(la terre)

Le … de Belfort est le plus petit département. — En été, les clients consomment à la … des cafés. — Le lapin a regagné son … . — Ma tante prépare une … de canard. — De nombreux écrivains sont … au cimetière du Père-Lachaise. — Prends une lampe électrique pour pénétrer dans ce … . — Dans son jardin, Franck a un magnifique … de roses. — Aujourd'hui, les avions … même lorsqu'il y a du brouillard. **Voir leçon 46**

332 Écris un mot de la même famille que ces mots en ajoutant un préfixe de ton choix.

porter → **trans**porter

un mètre   un viseur   passer   faire   connaître   tarder
percevoir   ouvrir   adroit   fraîchir   honnête   **Voir leçon 46**

333 Écris un mot de la même famille que ces mots en ajoutant un suffixe de ton choix.

devant → la devan**ture**

exact → l'…   une personne → …   jouer → un …   vendre → un …
la station → …   la commune → …   souffrir → la …   un coffre → un …
Voir leçon 46

Orthographe

101

Conjugaison

 **47e**

Les verbes : infinitif, classement et forme conjuguée

Pour cueillir ces cerises, tu dois prendre une échelle et l'appuyer contre l'arbre.

> ### Règle
>
> Un **verbe à l'infinitif** se compose de deux parties : le **radical** et la **terminaison**.
> • parl-er
>
> On classe les verbes selon la terminaison de leur infinitif.
> • march-er   fin-ir   pren-dre   écri-re   pouv-oir
>
> Un **verbe conjugué** a sa terminaison qui change : parl-er – je parl-e
>
> Les deux verbes **avoir** et **être**, qui permettent de conjuguer les autres verbes aux temps composés ont des formes conjuguées très particulières (voir les tableaux de conjugaison pp. 152 à 159).
>
> La forme du radical de certains verbes peut varier selon les temps et les personnes.
> • aller : il va – elle ira – nous allions – Il faut qu'elle aille.
> • venir : il vient – nous viendrons – ils vinrent – Il faut qu'il vienne.
> • vouloir : je veux – nous voulions – vous voudrez – Il faut que tu veuilles.

★ **334** **Recopie ces verbes en complétant la terminaison de leur infinitif.**

répond… → répond**re**

gross…   rassur…   obten…   réclam…   disparaît…   remerci…
suffi…   gagn…   coiff…   tromp…   calcul…   souri…

★
★ **335** **Recopie ces verbes à l'infinitif en séparant leur radical de leur terminaison.**

lire → li-**re**

conduire   signer   surprendre   franchir   satisfaire
sortir   apercevoir   vivre   consoler   surgir

★
★ **336** **Trouve l'infinitif de ces verbes conjugués et classe-les dans le tableau.**
★

j'applaudissais – vous arrivez – tu tiendras – il recevra – elle remplit –
elles pédalent – ils comprennent – vous descendiez – vous devez – elle fera –
nous rions

Terminaisons de l'infinitif				
-er	**-ir**	**-dre**	**-re**	**-oir**
…	…	…	…	…

Révisions : exercice 466, p. 142

Les temps
Les personnes

Hier, nous décorions le sapin. Ce matin, je découvre mes jouets et, tout à l'heure, la famille dégustera la bûche de Noël.

Règle

La terminaison des verbes varie selon le moment où se fait l'action : le **temps**.

- le passé → Nous décorions.
- le présent → Je découvre.
- le futur → La famille dégustera.

Le verbe est souvent accompagné de mots ou de groupes de mots qui donnent des indications sur le temps : hier – autrefois – il y a longtemps – aujourd'hui – maintenant – bientôt – demain – l'an prochain…

La terminaison varie aussi selon la **personne** qui fait ou qui subit l'action :
– singulier → 3 personnes : je – tu – il (elle – on – un nom sujet singulier)
– pluriel → 3 personnes : nous – vous – ils (elles – un nom sujet pluriel)

★ **337** **Recopie ces phrases et indique le temps des verbes en gras (passé – présent – futur).**

Ces digues protég**eront** les champs de l'inondation. → futur

En suivant ce couloir, tu **trouveras** la sortie. – Vous **ramassez** les vieux papiers pour les recycler. – Le directeur **fait** l'appel des élèves. – Depuis bien longtemps, on **a perdu** l'habitude de s'éclairer à la bougie. – Les rois de France **agrandissaient** leur royaume au fil des ans. – Dimanche prochain, le feu d'artifice **débutera** à vingt-deux heures. – Le violoniste **accorde** son instrument. – Tu **joues** avec ta console. – Désormais, les agriculteurs **entrevoient** la fin de la sécheresse.

★ **338** **Recopie ces phrases et indique la personne des verbes en gras.**

Tu **appuieras** sur une touche du clavier. → 2e personne du singulier

Les automobilistes ne **franchissent** pas les bandes blanches. – J'**allume** l'halogène. – Nous **prévoyons** une sortie au château d'Azé. – Tu **admets** ton erreur. – Vous **accéderez** au troisième étage par l'ascenseur. – Les projecteurs **ont éclairé** la scène. – Je **reverrais** ce film avec plaisir. – Ce jeune garçon **dit** toujours la vérité. – Vous **suivrez** les indications de la notice. – Tu t'**assois** sur le banc. – Nous **ressentons** des douleurs dans les jambes. – Les marmottes **survivent** pendant l'hiver en dormant. – Vous vous **réunissez** pour préparer le spectacle de fin d'année.

Conjugaison

Révisions : exercice 467, p. 142

Temps simples – Temps composés

J'ai oublié mon sac de sport, alors je retourne le chercher.

Règle

Le verbe peut être conjugué à un **temps simple** ou à un **temps composé**.

Les **temps simples** des verbes sont formés du seul radical auquel on ajoute la terminaison en fonction du temps et de la personne.
- J'oubli**e** mon sac.   Tu retourner**as** chez toi.

Les temps composés des verbes sont formés d'un auxiliaire (**être** ou **avoir**) et d'un **participe passé du verbe** conjugué. L'auxiliaire porte seul les marques du temps et de la personne.
- Louisa **a** oublié son sac.   Ils **sont** retournés chez eux.
- Tu **as** oublié ton sac.   Tu **es** retourné chez toi.

★ **339** **Recopie ces phrases en complétant avec le verbe, conjugué à un temps simple, qui convient.**

habite – demandais – utilises – frappe – servent – traversons – réorganisera – abrite – refusiez – tromperons

Je m'… sous mon parapluie. – Nous … notre ennui en regardant un film. – Tu … une passoire pour égoutter le chou-fleur. – Une personne … discrètement à la porte. – Vous … de rebrousser chemin malgré la pluie. – Tu … de l'aide pour nettoyer l'aquarium. – Le chef de rayon du supermarché … entièrement la présentation des produits. – Mon ami Farid … pas très loin de chez moi. – Nous … toujours sur le passage protégé. – Les mécaniciens se … de clés à molette pour resserrer les boulons.

★ **340** **Recopie ces phrases en complétant avec le verbe, conjugué à un temps composé, qui convient.**

as trié – a évité – sont entrés – a sursauté – ai retenu – ont annulé – a marqué – sont parvenus – a adopté – est coupée – ai taché

L'automobiliste … les encombrements. – Ces voyageurs … leur réservation au dernier moment. – Maladroit, j'… mon pantalon en mangeant des spaghettis. – Amaury … un jeune chiot. – Les clowns … en piste. – Tu … tes vieux jouets. – Sous l'eau, j'… ma respiration. – La route … par une avalanche. – En entendant la sonnerie, mon chat … . – L'avant-centre … deux buts en quelques minutes. – Les promeneurs … au pied du phare.

341 Recopie ces phrases où le verbe est conjugué à un temps composé ; encadre l'auxiliaire et souligne le participe passé.

Le poteau électrique est renversé par un chauffard.

En apprenant la bonne nouvelle, tu as sauté de joie. — Avant ma naissance, mes parents ont vécu à Sarcelles pendant trois ans. — Vous avez bu votre verre de lait d'une seule traite. — L'acrobate n'a pas perdu son équilibre. — Le ramasseur de champignons est mordu par une vipère. — En montagne, l'hiver, les véhicules sont équipés de chaînes. — Certains spectateurs sont sortis avant la fin du concert.

342 Recopie le tableau et classe les verbes de ces phrases.

Des dizaines de platanes sont morts mystérieusement. — Nous étalons de la confiture sur nos crêpes. — J'ai cherché l'orthographe d'un mot dans mon dictionnaire. — Une abeille peut parcourir plusieurs kilomètres dans une journée. — Robinson Crusoé est resté seul sur son île pendant de longues années. — Geoffrey porte un appareil dentaire. — J'ajoute un peu de gruyère sur le gratin de pâtes.

Temps simples	Temps composés
…	…

343 Les verbes de ces phrases sont conjugués à un temps composé. Ne recopie que celles où le verbe est conjugué avec l'auxiliaire avoir.

Judith est née le 24 janvier 2009. — Cet athlète a établi un nouveau record du monde du saut en hauteur. — Le pêcheur est rentré chez lui sans aucun poisson ! — Estelle a pris l'autobus pour se rendre place Vendôme. — Tu as oublié de fermer le robinet du lavabo. — Désormais, la télévision est arrivée partout dans notre pays. — Le paquebot a évité de justesse un iceberg.

344 Les verbes de ces phrases sont conjugués à un temps composé. Ne recopie que celles où le verbe est conjugué avec l'auxiliaire être.

J'ai vu des libellules se poser sur la mare. — Le musée du Louvre est connu dans le monde entier. — Tu es allée en vacances à Évian, au bord du lac Léman. — Les pompiers sont intervenus pour éteindre l'incendie. — Vous avez cru au Père Noël jusqu'à l'âge de cinq ans. — En fin de journée, le Soleil a disparu à l'horizon. — Cet alpiniste est monté seul au sommet du mont Blanc.

345 Recopie ces phrases. Souligne les verbes conjugués à un temps simple et encadre ceux conjugués à un temps composé.

Cet été, la plage était surveillée par des maîtres nageurs. — Dans les gorges du Verdon, nous longeons un précipice. — As-tu bouclé ta ceinture de sécurité ? — Nathalie me prêtera sa calculatrice. — Le barrage a retenu des troncs d'arbres. — Le comédien connaît son rôle à la perfection. — Le niveau de cette rivière est descendu d'un mètre. — Comme je cherche un renseignement précis, je consulte Internet. — Le printemps est arrivé : les premières violettes fleurissent dans les bois. — Fatiguée, Nelly a dormi à poings fermés.

Conjugaison

Révisions : exercice 468, p. 142

50ᵉ Leçon

Le présent de l'indicatif : verbes en -er

Le feu rouge clignotant annonce l'arrivée du train. Nous nous arrêtons au passage à niveau.

Au présent de l'indicatif, tous les verbes terminés en **-er** à l'infinitif ont **les mêmes terminaisons** (sauf **aller**, voir leçon 57).

- Je mange du pain.
- Tu cherches la solution.
- Le vent souffle fort.

- Nous oublions les mauvais souvenirs.
- Vous jouez avec votre console.
- Les élèves écoutent le professeur.

Pour les verbes terminés par **-ier**, **-ouer** et **-uer** à l'infinitif, il ne faut pas oublier de placer les terminaisons, même lorsqu'elles ne s'entendent pas.

- Je n'oublie pas. Tu joues avec tes dominos.   Ils tuent les moustiques.

Pour ces verbes, quatre terminaisons sont homophones. Pour ne pas les confondre, il faut toujours rechercher la personne à laquelle le verbe est conjugué.

- je joue – tu joues – il joue – elles jouent

★ **346** **Recopie ces phrases, souligne les verbes conjugués au présent de l'indicatif et écris leur infinitif entre parenthèses.**

Yasmine étudie sa leçon. (étudier)

Tu vérifies les résultats avec ta calculatrice. — La foule évacue les gradins en quelques minutes. — Pour rentrer chez moi, je varie parfois d'itinéraire. — J'avoue avoir un faible pour le chocolat. — Les gymnastes effectuent des sauts périlleux. — Tu déjoues tous les pièges de ce parcours. — Le joueur d'échecs sacrifie un pion pour prendre un fou. — Je distribue les cahiers. — Les vacanciers louent des planches à voile. — Vincent secoue la bouteille de soda avant de la décapsuler. — Vous attribuez la meilleure part à votre petite sœur.

★★ **347** **Recopie ces phrases en complétant avec les verbes qui conviennent.**

regroupe – goûte – tapisses – fréquente – installons – bourdonnent – tracez

Le professeur de danse … les débutants près de lui. — Les abeilles … autour du pot de confiture. — Je … la sauce en y trempant un doigt. — Tu … les murs de ta chambre de posters de chanteurs. — Nous … le projecteur devant l'écran. — Vous … des segments pour former un rectangle. — Je … la même école que mes parents, avec quelques années de différence !

348 Conjugue les verbes de ces expressions au présent de l'indicatif.

citer le nom des capitales de l'Europe   **tailler** les crayons de couleur
tremper une tartine dans le bol de lait   **enfiler** des perles en porcelaine
confectionner un mobile en carton   **assembler** les morceaux du casse-tête

349 Recopie ces phrases en écrivant les verbes entre parenthèses au présent de l'indicatif.

Pour avoir plus chaud, j'(enfiler) un collant. — Lorsque tu (caresser) ton chat, il (ronronner). — Le soir, vous ne vous (attarder) pas à la sortie de l'école. — L'équipe lyonnaise (arracher) la victoire en fin de partie. — La neige (tomber) ; les oiseaux (grelotter). — Tu (accrocher) ton blouson au portemanteau. — Je (vider) mon sac de sport. — Vous (bavarder) au pied de l'immeuble.

350 Recopie ces phrases en complétant avec les verbes suivants écrits au présent de l'indicatif.

continuer – laisser – nouer – diminuer – manier – jurer – atténuer – bénéficier

Les étoiles filantes … de longues traînées dans le ciel noir. — L'équipage … d'une éclaircie pour regagner le port. — Nous … notre voyage jusqu'à Rouen. — Je … les lacets de mes chaussures de foot. — Vous … les pinceaux comme un vrai peintre. — En automne, les jours … . — Ce médicament … la douleur. — Tu … de dire la vérité à tes parents.

351 Recopie ces phrases en écrivant les verbes entre parenthèses au présent de l'indicatif.

Les usines de matières plastiques (polluer) parfois les rivières où elles (déverser) leurs déchets. — Vous (écouter) les questions et vous (chercher) les réponses. — Les brocanteurs (fouiller) les greniers et les caves à la recherche d'objets rares. — Nous (compter) de deux en deux et nous ne (trouver) que des nombres pairs. — Le micro (amplifier) les paroles du conférencier. — Je (traverser) les rues sur les passages protégés. — On (terminer) toujours une phrase par un point. — Tu (profiter) des rayons du soleil pour t'allonger sur le sable. — Ce bébé (sucer) encore son pouce, sinon il (pleurer).

352 Recopie ces phrases au présent de l'indicatif en remplaçant les sujets en gras par ceux entre parenthèses.

(tu – les élèves – Léonard – nous – je)
Vous ne gaspillez pas le papier ; **vous** l'économisez.

(les spectateurs – nous – vous – le public – tu)
Je manifeste ma joie ; **je** tape des pieds.

(nous – Luc et Maya – je – M. Corne – vous)
Tu abandonnes cette grille de mots croisés car **tu** ne trouves rien.

(le moniteur – je – les champions – vous – tu)
Nous chaussons nos skis et **nous** dévalons la pente.

Conjugaison

Révisions : exercices 469 à 471, p. 143

51ᵉ Leçon

Le présent de l'indicatif : verbes être et avoir

Ce tigre a l'air féroce. Heureusement qu'il est en cage.

★ **353** **Recopie ces phrases en complétant avec le sujet qui convient.**

Vous – Les nageurs – Je – Nous – Le cuisinier – Tu

… êtes de bonne foi. – … sont sur les plots de départ. – … est en tenue de travail. – … suis devant la fenêtre de la cuisine. – … es en pleine forme. – … sommes à genoux sur le tapis.

★ **354** **Recopie ces phrases en complétant avec le sujet qui convient.**

Tu – Le facteur – Nous – J' – Vous – Les chiens

… ont le museau au ras du sol. – … a une sacoche pleine de courrier. – … as les cheveux bouclés. – … avez de l'imagination. – … ai un bracelet en argent. – … avons du temps libre.

★
★ **355** **Conjugue le verbe être de ces expressions au présent de l'indicatif.**

être sur la pelouse
être en équilibre

être en attente des résultats
être dans son bain

★
★ **356** **Conjugue le verbe avoir de ces expressions au présent de l'indicatif.**

avoir les mains dans les poches
avoir toujours le sourire

avoir une cicatrice au coude
avoir beaucoup d'appréhension

357 Recopie ces phrases en complétant avec les formes du présent de l'indicatif du verbe **être** qui conviennent.

suis – es – est – sommes – êtes – sont

Quand les pneus … en mauvais état, on ne doit pas rouler. — Tu … appuyée contre le mur. — Ce matin, vous … de mauvaise humeur. — Nous … devant l'entrée de la patinoire. — Ce couteau … en plastique. — Je … le premier à terminer la grille de Sudoku aussi vite.

358 Recopie ces phrases en complétant avec les formes du présent de l'indicatif du verbe **avoir** qui conviennent.

ai – as – a – avons – avez – ont

Cet artiste … beaucoup de talent. — Je n'… rien à ajouter. — Sans gants, nous … les mains gelées. — Les mirages … l'apparence de la réalité. — En haut du plongeoir, vous n'… qu'à fermer les yeux et sauter. — Devant un film aussi triste, tu … du mal à retenir tes larmes.

359 Recopie ces phrases en complétant avec les formes du présent de l'indicatif du verbe **avoir** qui conviennent.

Le décorateur … un métier passionnant. — En classe, nous … le plaisir d'accueillir un conteur. — Les parents … des places réservées au fond de la salle. — Nous … une tante qui vit en Algérie. — Cette voiture … un moteur moins polluant que les autres. — Le lion … une belle crinière. — Pourquoi …-tu envie de rire ? — J'… du courage à revendre. — Pour ton anniversaire, tu … une paire de rollers en cadeau. — Nous … le sourire aux lèvres. — Vous … envie d'apprendre les paroles de cette chanson.

360 Recopie ces phrases en complétant avec les formes du présent de l'indicatif du verbe **être** qui conviennent.

La récolte de prunes … abondante. — Vous … ici chez vous. — Les cigognes … au sommet du clocher de l'église. — Je … très fatiguée par cette longue course. — Nous … déjà en survêtement. — Tu … devant le tiroir de la commode. — Vous … nombreux à penser comme moi. — Je … la dernière à sortir du car. — La jeune princesse … seule dans la forêt profonde. — Nous … au début du printemps. — Les camions … sur l'aire de repos de l'autoroute.

361 Recopie ces phrases en complétant avec les formes du présent de l'indicatif des verbes **être** et **avoir** qui conviennent.

Je n'… pas assez d'imagination pour inventer une histoire. — …-vous assez chaud sans bonnet ? — Tu … soigneux dans ton travail. — Les marionnettes … des fils pour les animer. — Il … minuit ; les fantômes … de retour. — Les sapins … des aiguilles et les platanes … des feuilles. — Les athlètes … sur la piste. — Cet archer … un arc fait en bois de noisetier. — Il … difficile de savoir si tu … de la chance ou si tu … un bon joueur.

Révisions : exercice 472, p. 143

Le présent de l'indicatif : verbes en -ir comme finir

Leçon 52e

En automne, le feuillage jaunit, puis les arbres se dégarnissent.

Règle

Au présent de l'indicatif, tous les verbes en **-ir** comme **finir** ont les mêmes terminaisons aux trois personnes du singulier : **-s**, **-s**, **-t**.

Ces terminaisons sont homophones. Pour ne pas les confondre, il faut toujours rechercher la personne à laquelle le verbe est conjugué.
- je rougis   tu applaudis   elle pâlit

Aux trois personnes du pluriel, on intercale l'élément **-ss-** entre le radical et les terminaisons : **-ons**, **-ez**, **-ent**.
- nous surgissons   vous réagissez   ils obéissent

Attention ! Tous les verbes terminés par **-ir** à l'infinitif ne se conjuguent pas comme **finir** (voir leçon 53).

★ **362** **Recopie ces phrases en complétant avec les verbes qui conviennent.**

embellissez – enlaidissent – brandit – dégourdis – élargis – remplissons

Le dompteur … son fouet pour faire rentrer les fauves dans leur cage. – Nous … la piscine gonflable avec un arrosoir : c'est long ! – Vous … votre appartement avec un bouquet de fleurs des champs. – Tu … le trou fait dans le mur pour y placer un crochet. – J'ai des fourmis dans les jambes, alors je me … un peu. – Ces poteaux électriques … le paysage.

★★ **363** **Conjugue les verbes de ces expressions au présent de l'indicatif.**

réunir les pièces du puzzle   **convertir** des dollars en euros
fournir une explication   **affranchir** le courrier
ne pas **trahir** un secret   **regarnir** le réfrigérateur
rougir de plaisir   **agrandir** un dessin

★★ **364** **Recopie ces phrases en écrivant les verbes entre parenthèses au présent de l'indicatif.**

Toutes les heures, le volcan (vomir) de la lave rougeoyante. – Nous (avertir) nos amis, car nous (être) en retard. – Je (finir) par perdre patience. – Tu (noircir) des pages de ta petite écriture. – Vous (ralentir) à l'approche du carrefour. – Les poires (pourrir) sur l'arbre ; il faut les cueillir. – Le rire (guérir) de bien des soucis. – Des marques au sol (définir) des emplacements réservés. – Ces souterrains (aboutir) dans une caverne. – Ce géant (fléchir) les genoux.

Je garnis mon panier à provisions. → **Nous** garnissons notre panier à provisions.

Je réfléchis avant de prendre une décision. − **Tu** te munis d'un tournevis pour démonter les étagères. − Attention, **cette colle** durcit en séchant. − **Tu** éblouis tes amis par ta virtuosité au piano. − **J'**engloutis les papillotes. − **Le cuisinier** farcit la dinde avec des petits-suisses ; elle sera moins sèche. − **Tu** rebondis sur le trampoline. − **Je** répartis les cartes entre les différents joueurs.

★
★ **366** **Recopie ces phrases en écrivant les verbes entre parenthèses au présent de l'indicatif.**

Beaucoup de pays (abolir) la peine de mort. − Tu (nourrir) tes canaris avec des graines de millet. − Nous (saisir) le balai et nous (commencer) à nettoyer le garage. − Il paraît qu'un vampire (sévir) dans les souterrains de ce vieux château. − Je ne (désobéir) jamais à mes parents. − Le jardinier (enfouir) les mauvaises herbes. − Tu (grandir) un peu plus chaque jour.

★
★ **367** **Recopie ces phrases en complétant avec les verbes suivants écrits au présent de l'indicatif.**

amortir – atterrir – assombrir – refroidir – jouir – choisir – rétablir – accomplir

Les deltaplanes … dans le pré au fond de la vallée. − Nous … des marqueurs fluo. − Tu … un exploit en retrouvant la bague égarée sous le buffet. − Les électriciens … le courant peu de temps après le passage de la tempête. − J'… ma chute en pliant les genoux. − De lourds nuages noirs … le ciel. − Vous … la poêle en la passant sous l'eau. − De ce belvédère, on … d'une vue splendide sur les gorges du Tarn.

★
★ **368** **Recopie ces phrases en écrivant les verbes entre parenthèses au présent de l'indicatif.**

Je (réussir) à contenir mon rire. − Les coureurs (faiblir) à mi-parcours. − Vous (enrichir) vos connaissances en lisant. − Tu te (réjouir) du retour du printemps ; les narcisses (fleurir). − Ce bébé (attendrir) ses grands-parents. − Pas assez aérés, ces locaux (moisir). − Les exercices physiques (assouplir) les muscles.

★
★ **369** **Recopie ces phrases en remplaçant les sujets en gras par ceux entre parenthèses. Attention aux accords !**

(je – tu – les cyclistes – nous – vous)

Le motard ralentit et **il** ne franchit le stop qu'en toute sécurité.

(tu – vous – les marmitons – j' – Stella)

Nous aplatissons la pâte avec un rouleau à pâtisserie.

(vous – je – Benjamin – les mannequins – nous)

Comme **tu** ne manges pas assez, **tu** maigris à vue d'œil.

(nous – mes frères – tu – Cyprien – vous)

Après avoir fait mes devoirs, **je** me divertis devant un feuilleton.

Conjugaison

Révisions : exercice 473, p. 144 ●

Le présent de l'indicatif : verbes en -ir comme venir, tenir

● Nous venons te voir, car tu tiens à nous montrer ta nouvelle console de jeux.

Règle

Au présent de l'indicatif, tous les verbes des familles de **venir** et **tenir** ont les mêmes terminaisons, mais le radical est modifié pour certaines personnes.

venir	tenir
• Je vien**s** à sa rencontre.	Je tien**s** la casserole.
• Tu vien**s** à sa rencontre.	Tu tien**s** la casserole.
• Il/Elle vien**t** à sa rencontre.	Il/Elle tien**t** la casserole.
• Nous ven**ons** à sa rencontre.	Nous ten**ons** la casserole.
• Vous ven**ez** à sa rencontre.	Vous ten**ez** la casserole.
• Ils/Elles vienn**ent** à sa rencontre.	Ils/Elles tienn**ent** la casserole.

★ **370** **Recopie ces phrases en plaçant un pronom sujet devant les verbes. Il y a parfois plusieurs solutions.**

… intervenez pour donner votre avis. − … appartient aux parents de bien élever leurs enfants. − En voyant ce film, … contiens difficilement mon émotion. − … entretiens tes vêtements de sport avec soin. − … obtenons chacun une part du gâteau. − … parviennent au port avant la tempête.

★★ **371** **Recopie ces phrases en complétant avec les verbes qui conviennent.**

viens – retient – tenons – devenez – contient – appartient – reviens – maintiennent

Ce cheval … à un éleveur de Normandie. − Je … t'aider à soulever ce lourd carton. − Ce coffret … tous mes petits secrets. − Avec de l'entraînement, vous … de plus en plus adroites. − Les funambules se … en équilibre sur un fil. − Le mauvais temps nous … à la maison. − Tu … au point de départ. − Nous … les yeux baissés à cause du soleil.

★★ **372** **Recopie ces phrases en écrivant les verbes entre parenthèses au présent de l'indicatif.**

Tu (appartenir) à l'équipe de football de l'école. − J'(obtenir) de meilleurs résultats en français qu'en mathématiques. − Gloria (venir) au-devant de ses camarades. − Nous (revenir) d'une promenade au parc des oiseaux. − Le cavalier (tenir) les rênes de son cheval. − Les poussins (venir) au monde en cassant la coquille de l'œuf. − Vous vous (souvenir) encore des jeux que vous faisiez à l'école maternelle.

Recopie ces phrases en écrivant les verbes entre parenthèses au présent de l'indicatif.

Vous (obtenir) la permission de sortir avant l'heure. — De solides câbles (maintenir) le pylône électrique. — Tu (parvenir) à terminer les mots fléchés avant nous. — Je (retenir) les numéros de téléphone de mes amis. — Le magicien (détenir) le secret de ses tours ; il ne les (confier) à personne. — Nous nous (tenir) loin du bord de l'eau, car la marée (monter). — Les arbres (venir) de perdre leurs feuilles : c'(être) l'automne. — M. Leroux (revenir) d'un voyage au Canada. — Ces vêtements (appartenir) à une personne de grande taille. — Je (tenir) le couteau par le manche.

374 **Recopie ces phrases en écrivant les verbes entre parenthèses au présent de l'indicatif.**

Nous (appartenir) à la chorale du quartier ; nous (chanter) chaque mercredi après-midi. — J'(entretenir) mon vélo en le graissant régulièrement. — En promenade, vous (tenir) votre chien en laisse. — Les mangues (provenir) de pays lointains où il y (avoir) du soleil. — Tu (soutenir) ton camarade handicapé qui (marcher) pas à pas. — Les bons ouvriers (entretenir) leurs outils. — Cet avion (venir) de Chine ; il (atterrir) en douceur. — Vous (retenir) facilement les tables de multiplication. — Tu (intervenir) pour donner la bonne réponse. — Ces chemins (redevenir) praticables.

375 **Recopie ces phrases en écrivant les verbes entre parenthèses au présent de l'indicatif.**

Cette bouteille (contenir) un demi-litre d'eau minérale. — Je ne (parvenir) pas à effacer cette tache. — En mélangeant du jaune et du bleu, tu (obtenir) du vert. — Les pompiers (intervenir) pour éteindre le feu de broussailles. — Vous (maintenir) que ces bijoux (être) en or ; je n'en (être) pas sûre. — Je (soutenir) l'étagère, car elle (risquer) de tomber. — Tu (intervenir) pour éviter une inondation, car la baignoire (déborder). — Nous (prévenir) nos parents, car nous (être) un peu en retard. — Le conducteur (tenir) son volant à deux mains.

376 **Recopie ces phrases en écrivant les verbes entre parenthèses au présent de l'indicatif.**

Ces ananas et ces bananes (provenir) de la Martinique. — Le soigneur (soutenir) le joueur blessé. — Tu (prévenir) le directeur de ton retard. — Je ne (parvenir) pas à ouvrir ce bocal de cornichons. — Ces aliments ne (contenir) pas de produits dangereux pour la santé. — Nous (retenir) facilement les noms de nos héros préférés. — Vous ne vous (souvenir) pas de la date de l'anniversaire de Magali. — Avec de la douceur, on (obtenir) plus qu'avec de la colère ! — Je ne (revenir) pas sur ma décision de prendre ce raccourci. — Loukas (tenir) son crayon de la main gauche et ses ciseaux de la main droite. — Cette jeune chienne (appartenir) à la voisine du premier étage. — Avec l'avion, les voyages (devenir) plus rapides. — Vous (venir) de commettre une petite erreur de calcul.

Révisions : exercice 474, p. 144

Conjugaison

Le présent de l'indicatif : verbes en -dre comme attendre, prendre

Nous apprenons nos leçons et nous répondons à toutes les questions.

Règle

Au présent de l'indicatif, tous les verbes terminés par **-dre** à l'infinitif ont les mêmes terminaisons.

Cependant, pour les verbes de la famille de **prendre**, il y a une modification du radical pour les trois personnes du pluriel.

attendre
- J'attends l'autobus.
- Tu attends l'autobus.
- Il/Elle attend l'autobus.
- Nous attendons l'autobus.
- Vous attendez l'autobus.
- Ils/Elles attendent l'autobus.

prendre
- Je prends une douche.
- Tu prends une douche.
- Il/Elle prend une douche.
- Nous prenons une douche.
- Vous prenez une douche.
- Ils/Elles prennent une douche.

Attention ! Pour tous ces verbes, à la 3ᵉ personne du singulier, il n'y a pas de terminaison après le **d** du radical.

★ **377** **Recopie ces phrases en complétant avec les verbes qui conviennent.**

tords – défendez – tends – descendons – pondent

Quand l'ascenseur est en panne, nous … par l'escalier. – Les autruches … des œufs énormes. – En voulant effectuer un salto arrière, tu te … le bras. – Vous … votre camp avec acharnement. – Je … une corde pour étendre le linge.

★ **378** **Recopie ces phrases en écrivant les verbes entre parenthèses au présent de l'indicatif.**

Vous (correspondre) avec des enfants au Maroc. – Comme le soleil (briller), la neige (fondre) rapidement. – Des dizaines de jambons (pendre) dans la chambre froide de la charcuterie. – Avec ses plaisanteries, Antonin (détendre) l'atmosphère. – Chaque soir, j'(apprendre) mes leçons. – Pour indiquer que tu (tourner) à droite, tu (tendre) le bras droit. – M. Colin (vendre) des légumes sur le marché. – Ali Baba (surprendre) le secret des quarante voleurs. – Ces bénévoles (rendre) service aux personnes handicapées.

★★ **379** **Conjugue les verbes de ces expressions au présent de l'indicatif.**

prendre un plateau-repas
descendre lentement de l'échelle

étendre une couche de peinture
répondre au téléphone

★☆★ **380** Recopie ces phrases en écrivant les verbes entre parenthèses
au présent de l'indicatif.

Les daltoniens (confondre) plusieurs couleurs. – Le trapéziste se (suspendre)
au-dessus du filet. – Quand on t'(interroger), tu (répondre) aussitôt. - Nous
(entreprendre) la confection d'un mobile à accrocher au plafond de la classe. –
Comme j'(aimer) la purée de pommes de terre, j'en (reprendre). – Les personnes
étourdies (perdre) souvent leurs clés. – Les boas ne (mordre) pas leurs proies ; ils
les (étouffer). – Vous (attendre) le début de l'émission avec impatience.

381 Recopie ces phrases en écrivant les verbes entre parenthèses
au présent de l'indicatif.

Tu (prétendre) que les poissons sont des mammifères ; tu (avoir) tort. – M.
Laurent (fendre) les bûches avec une hache. – Les élèves (comprendre) toutes les
explications que donne le professeur. – L'accord d'un verbe (dépendre) de son
sujet. – Ces navigateurs solitaires (entreprendre) le tour du monde. – Une barrière
(défendre) l'entrée du parking à ceux qui n'(avoir) pas d'autorisation. – Quand elles
(porter) les mêmes vêtements, je (confondre) ces jumelles.

382 Recopie ces phrases en écrivant les verbes entre parenthèses
au présent de l'indicatif.

Après son accident, Axelle (réapprendre) à marcher. – Quand Brice (entendre)
cette chanson triste, il (avoir) les larmes aux yeux. – Vous (apprendre) la liste
des communes voisines de la vôtre. – Tu (attendre) une éclaircie pour sortir, car
tu n'(avoir) pas de parapluie. – Je (surprendre) mes amies en portant un blouson
vert. – Les ouvriers (étendre) une couche de graviers sur ce chemin. – Sous le choc,
ce vase se (fendre). – La caissière (rendre) la monnaie aux clients.

383 Recopie ces phrases en écrivant les verbes entre parenthèses
au présent de l'indicatif.

Les grondements du tonnerre s'(entendre) de très loin. – J'(entreprendre) la
relecture de mon texte. – Tu nous (défendre) de regarder derrière le rideau. – Vous
vous (étendre) sur l'herbe. – Les habitants de ce village se (défendre) comme ils
peuvent contre la montée des eaux. – Nous ne (comprendre) pas le sens du mot
« illusion ». – Une violente rafale (tordre) les branches du vieux châtaignier.

384 Recopie ces phrases en complétant avec les verbes suivants
écrits au présent de l'indicatif.

surprendre – confondre – comprendre – entendre – ressembler – apprendre –
attendre

Nous nous … pour construire une cabane dans le jardin. – Les apprentis pâtissiers
… à préparer les choux à la crème. – J'… toujours la fin de la question avant de
répondre. – Vous … l'ensemble de la classe en récitant une fable de La Fontaine
sans hésiter. – Tu … toujours les noms de ces deux chanteurs parce qu'ils se … . –
Cet appartement … quatre pièces, dont une cuisine entièrement équipée.

Révisions : exercice 475, p. 144

Conjugaison

55e Leçon

Le présent de l'indicatif : verbes comme lire, écrire

Nous lisons les questions et nous écrivons les réponses.

Règle

Au présent de l'indicatif, les verbes comme **lire** et **écrire** ont les mêmes terminaisons. Cependant, il y a une modification du radical.

lire	écrire
• Je lis les questions.	J'écris les réponses.
• Tu lis les questions.	Tu écris les réponses.
• Il/Elle lit les questions.	Il/Elle écrit les réponses.
• Nous lisons les questions.	Nous écrivons les réponses.
• Vous lisez les questions.	Vous écrivez les réponses.
• Ils/Elles lisent les questions.	Ils/Elles écrivent les réponses.

★ **385** **Recopie ces phrases en complétant avec les verbes qui conviennent.**

lis – inscris – lisent – récrivez – écrit – relisons – décrivent

Tu … ton nom en haut de la page blanche. — Je … la règle du jeu avant de commencer la partie. — Évelyne … plus volontiers avec un stylo feutre qu'avec un crayon à papier. — Les oiseaux … de grands cercles dans le ciel bleu. — Les jeunes enfants … les phrases en suivant avec leur doigt. — Comme vous avez fait des erreurs de copie, vous … tout le texte. — Nous … le début des aventures de *Oui-Oui et la Fleur géante*.

★ **386** **Recopie ces phrases en plaçant un pronom sujet devant les verbes. Il y a parfois plusieurs solutions.**

… lisons la notice de montage du petit robot articulé. — … écris parfois en lettres majuscules dans ton cahier de brouillon. — Comment écrivez-… ce mot ? — … lisent à voix basse pour ne pas faire de bruit. — Quand je suis en vacances, … écris des cartes postales à mes cousines. — … lit une histoire à ses petits-enfants.

★★ **387** **Recopie ces phrases en écrivant les verbes entre parenthèses au présent de l'indicatif.**

J'(écrire) une phrase avec le verbe « courir ». — Nous (lire) pendant que vous (dessiner). — La maman (inscrire) son jeune enfant à la crèche. — Tu n'(écrire) jamais sur les murs ; c'(être) interdit. — Savez-vous que les aveugles (lire) avec leurs doigts ? — Nous (écrire) au crayon pour mieux effacer en cas d'erreur. — À cinq ans, le frère de Mathilda (lire) déjà les prénoms de tous les élèves de sa classe.

388 Recopie ces phrases en écrivant les verbes entre parenthèses au présent de l'indicatif.

Pour t'amuser, tu (écrire) ton prénom sur le sable de la plage. − Quand une personne (former) mal ses lettres, on dit qu'elle (écrire) comme un chat ! − Aujourd'hui, les secrétaires n'(écrire) plus à la main, mais à l'aide d'un ordinateur. − Tu (écrire) l'adresse sur l'enveloppe avant de la poster.

389 Recopie ces phrases en écrivant les verbes entre parenthèses au présent de l'indicatif.

Vous (écrire) ce nombre en lettres, puis en chiffres. − Tous les cinq ans, les Français (élire) le président de la République. − M. Demars (lire) son journal en commençant par les titres. − Tu (inscrire) le numéro de l'exercice dans la marge. − Nous (lire) la phrase mot à mot.

390 Recopie ces phrases en écrivant les verbes entre parenthèses au présent de l'indicatif.

Certains magiciens (lire) l'avenir dans des boules de cristal. − Les personnes prévoyantes (souscrire) toujours une assurance. − Adrien (lire) la poésie en mettant le ton juste. − Un poète (décrire) souvent les paysages avec des mots bien choisis. − Avant le début du spectacle, nous (lire) le programme.

391 Recopie ces phrases en écrivant les verbes entre parenthèses au présent de l'indicatif.

Vous (relire) les consignes avant de commencer l'exercice. − Aujourd'hui, les écoliers n'(écrire) plus avec des porte-plume. − Nous (décrire) en détail tous les objets contenus dans cette vieille malle. − Avant de s'endormir, beaucoup de personnes (lire) quelques pages. − Les acteurs (parler) anglais, mais les paroles en français (s'inscrire) au bas de l'écran.

392 Recopie ces phrases en écrivant les verbes entre parenthèses au présent de l'indicatif.

Nous (inscrire) les dates des anniversaires de nos parents sur un petit carnet. − Certaines personnes (lire) les écritures japonaise et chinoise. − Tu (lire) ce document pour connaître la vie des baleines. − Judith (écrire) aussi bien de la main droite que de la main gauche. − Vous (décrire) la situation telle que vous l'avez vue. − Je (relire) trois fois le message que tu m'as adressé.

393 Recopie ces phrases en complétant avec les verbes suivants écrits au présent de l'indicatif.

dicter – élire – s'inscrire – écrire – prescrire – lire

Les élèves … celui qui défilera en tête du cortège le jour de la kermesse de l'école. − Le médecin … un repos de dix jours au malade. − Tu ne … pas très bien sans tes lunettes. − Didier … au prochain tournoi de basket. − Le professeur … les mots et nous les … sur notre cahier.

Révisions : exercice 476, p. 144

Le présent de l'indicatif : verbes en -oir comme voir, pouvoir, vouloir, savoir

Sans outils, je ne vois pas comment tu peux réparer ton vélo.

Règle

Au **présent** de l'indicatif, les verbes terminés par -oir à l'infinitif ont des formes et des terminaisons particulières.

voir	pouvoir	vouloir	savoir
• je vois	je peux	je veux	je sais
• tu vois	tu peux	tu veux	tu sais
• il/elle voit	il/elle peut	il/elle veut	il/elle sait
• nous voyons	nous pouvons	nous voulons	nous savons
• vous voyez	vous pouvez	vous voulez	vous savez
• ils/elles voient	ils/elles peuvent	ils/elles veulent	ils/elles savent

★ **394** **Recopie ces phrases en plaçant un pronom de conjugaison devant les verbes. Attention ! Il y a parfois plusieurs solutions.**

Depuis son accident, … ne peut pas marcher sans ses béquilles. — Savez-… donner votre date de naissance en anglais ? — … ne vois pas comment ta chemise a pu se déchirer. — Perdus dans le brouillard, … n'y voyons pas à dix mètres. — … veulent atteindre le refuge avant la nuit. — Avec mes jumelles, … vois les chamois qui broutent dans la vallée. — Pourquoi veulent-… abandonner les cours de danse ? — … veux échanger les images que j'ai en double. — Paralysées par la peur, … ne peuvent pas réagir. — … entrevoyez enfin une solution au problème.

★ **395** **Recopie ces phrases en complétant avec les verbes qui conviennent.**

voyons – sais – peuvent – voulez – peux – voit – peut – voulons

Les gazelles … bondir à des hauteurs impressionnantes. — Aujourd'hui, chacun … téléphoner à l'autre bout du monde en quelques secondes. — Je … préparer une sauce vinaigrette. — Nous … nous détendre en regardant un dessin animé. — Le petit garçon … avec tristesse son ballon se dégonfler. — Nous … mal comment ce chat a pu grimper au sommet de l'arbre. — Vous … changer les piles de votre télécommande. — Tu cours aussi vite que tu le … .

★★ **396** **Conjugue les verbes de ces expressions au présent de l'indicatif.**

pouvoir recevoir plusieurs chaînes
prévoir une pause
revoir d'anciennes photos

entrevoir un chevreuil
voir les fleurs se faner
vouloir enregistrer une émission

Recopie ces phrases en écrivant les verbes entre parenthèses au présent de l'indicatif.

Dans ce magasin, le client (pouvoir) payer avec une carte bancaire. — Nous (voir) que ce cadeau vous a fait plaisir. — Vous (pouvoir) vous réjouir, le soleil est de retour. — Je (vouloir) nourrir mes perruches. — Certaines tortues géantes (pouvoir) vivre plus de deux cents ans. — Quand tu (vouloir) tracer un cercle, tu (prendre) un compas. — Le professeur (voir) que nous n'avons pas oublié de faire nos devoirs. — Tu (pouvoir) me raconter ce que tu (vouloir), je ne te crois pas. — Dans mes rêves, je me (voir) seule dans un immense palais !

Recopie ces phrases en écrivant les verbes entre parenthèses au présent de l'indicatif.

Je ne (pouvoir) pas comprendre que tu ne ranges pas tes affaires ! — Lorsque Abdel (descendre) du grand huit, il (voir) tout tourner. — Vous (vouloir) annuler votre sortie de dimanche prochain. — Ton avenir, tu le (voir) peut-être au volant d'une voiture de course. — (Savoir)-tu recoudre les boutons ? — Quand on voyage, on (voir) du pays. — Le bois très sec (pouvoir) s'enflammer à la moindre étincelle. — Nous (savoir) chasser le hoquet en buvant simplement un grand verre d'eau. — Par temps clair, on (voir) le sommet enneigé du mont Blanc.

Recopie ces phrases en écrivant les verbes entre parenthèses au présent de l'indicatif.

(Pouvoir)-vous me dire où habite Freddy ? — Vous (voir) bien que personne ne (savoir) où se trouve le village de Pierreclos. — Je (ne pas pouvoir) admettre que certains (jeter) leurs papiers n'importe où. — Les bons comédiens (savoir) vaincre leur trac avant d'entrer en scène. — Dans le quartier, on (voir) circuler de plus en plus de cyclistes. — D'un simple regard, vous (pouvoir) faire la différence entre un platane et un chêne. — Ces personnes (voir) leurs économies fondre ; elles (dépenser) trop. — Il se (pouvoir) que je sois en retard : attendez-moi. — Nous (voir) les guêpes tourner autour du pot de confiture. — Tu (vouloir) collectionner les albums de Spiderman. — Lorsque je (voir) une erreur, je la (corriger) aussitôt.

Recopie ces phrases en complétant avec les verbes qui conviennent écrits au présent de l'indicatif.

passer – revoir – se retrouver – vouloir – voir – prendre – savoir – pouvoir – voir – entrevoir

Ces plongeurs … rester sous l'eau plusieurs minutes sans respirer. — Le long des falaises, vous … les macareux à l'œil nu. — Le malheureux naufragé … enfin un bateau qui … au large de son île déserte. — Si tu … corriger ton texte, tu … un dictionnaire. — Tous les skieurs … qu'il est dangereux de s'aventurer hors des pistes. — Nous … des camarades que nous n'avions pas rencontrés depuis l'école maternelle. — Je … que le hasard fait bien les choses : nous … tous les deux devant le rayon des jeux électroniques.

Révisions : exercice 477, p. 145

Conjugaison

Le présent de l'indicatif : verbes aller, dire, faire

Quand vous dites que vous allez m'apprendre à préparer un flan au chocolat, je vous fais confiance.

Règle

Au présent de l'indicatif, les verbes **aller**, **dire** et **faire** ont des formes particulières qu'il faut bien retenir.

aller	dire	faire
• Je vais à l'école.	Je dis la vérité.	Je fais du vélo.
• Tu vas à l'école.	Tu dis la vérité.	Tu fais du vélo.
• Il/Elle va à l'école.	Il/Elle dit la vérité.	Il/Elle fait du vélo.
• Nous allons à l'école.	Nous disons la vérité.	Nous faisons du vélo.
• Vous allez à l'école.	Vous dites la vérité.	Vous faites du vélo.
• Ils/Elles vont à l'école.	Ils/Elles disent la vérité.	Ils/Elles font du vélo.

★ **401** **Recopie en plaçant un pronom de conjugaison devant les verbes. Attention ! Il y a parfois plusieurs solutions.**

… vais couvrir mes livres pour ne pas les abîmer. — … dis quelques mots à l'oreille de ton voisin. — … faites des bulles de savon. — … disons tout haut ce que … pensons. — Qu'est-ce que … dis ? … ne te comprends pas. — … n'allez pas assez vite pour rattraper vos camarades. — … me fais confiance pour diriger la manœuvre du pédalo. — … vont choisir des vêtements pour l'hiver.

★ **402** **Recopie en plaçant un pronom de conjugaison devant les verbes. Attention ! Il y a parfois plusieurs solutions.**

… allons voir le nouveau pont sur la Garonne. — … faisons des crêpes pour la Chandeleur. — … vas te promener sur les bords de la Loire. — … va se coiffer avec un chignon. — … dis toujours que mon prénom est facile à prononcer. — … font leur toilette tous les matins. — … disent que ces croissants ne sont pas assez cuits. — … fait le portrait de sa petite sœur. — … ne dites plus que l'eau est trop froide.

★★ **403** **Recopie ces phrases en complétant avec les verbes qui conviennent.**

allons – pleut - dit – guette – vais – font – consomme – disent – fait – allez – va

Fiona ne … jamais du mal de ses amies. — Le facteur … déposer le courrier dans les boîtes aux lettres. — Comme il …, je … me réfugier sous un auvent. — Les patineurs … des sauts sur la glace. — La lionne … semblant de dormir, mais elle … la gazelle. — Vous … au parc d'attractions. — Les ingénieurs … que cette nouvelle voiture … peu de carburant. — Nous … au cinéma voir un film d'animation.

Je te (dire) que Damien est sorti sans prévenir. — Les vautours (faire) leur nid dans les falaises. — Comme tu (avoir) mal aux dents, tu (aller) chez le dentiste.— Tous ces compliments me (aller) droit au cœur. — Nous ne (faire) rien sans réfléchir. — Si c'est vous qui (dire) que la viande est savoureuse, je vous crois. — Les astronomes (dire) qu'ils ont découvert une nouvelle galaxie. — Le gendarme (faire) signe aux automobilistes de ralentir. — Ces deux véhicules (aller) dans la même direction.

★
★ **405** **Recopie ces phrases en écrivant les verbes entre parenthèses au présent de l'indicatif.**

L'architecte (aller) sur le chantier pour vérifier l'avancement des travaux. — Comme vous (dire) toujours la même chose, c'(être) lassant. — Pour ton repas de midi, un simple sandwich te (satisfaire). — Pourquoi les journaux ne (dire)-ils rien à propos des récentes chutes de neige ? — Tu (aller) jusqu'au bout de tes forces. — Comme vous avez saigné, vous (refaire) votre pansement. — Ton silence en (dire) plus long que de vaines paroles. — Vous (aller) vous renseigner sur les horaires des trains.

★
★
★ **406** **Recopie ces phrases en écrivant les verbes entre parenthèses au présent de l'indicatif.**

Le nombre d'espèces animales menacées (aller) en augmentant. — On (dire) que les petits ruisseaux (faire) les grandes rivières. — Franck et Stéphane (aller) au bal masqué revêtus d'habits de pirate. — Tu (faire) des efforts pour obtenir de meilleurs résultats. — Le guide (dire) qu'il faut partir avant l'orage. — Comme tu (aller) prendre une décision importante, réfléchis bien ! — Avant d'entrer en scène, la comédienne (se refaire) une beauté. — Après avoir pris ce médicament, je (aller) mieux.

★
★
★ **407** **Recopie ces phrases en écrivant les verbes entre parenthèses au présent de l'indicatif.**

La nourrice (aller) conduire ces deux jeunes enfants à la crèche. — Ces danseuses (faire) des pointes en s'appuyant à la barre. — Vous ne (dire) jamais de mots grossiers. — Je (aller) bientôt apprendre à tresser les brins de rotin. — Nous (faire) plaisir à nos parents en mettant de l'ordre dans notre chambre. — Jennifer ne (refaire) jamais deux fois la même erreur. — En classe, le règlement (interdire) l'usage de ciseaux pointus.

★
★
★ **408** **Recopie ces phrases en complétant avec les verbes qui conviennent écrits au présent de l'indicatif.**

interdire – savoir – défaire – refaire – contredire – aller – dire – faire

Impatient de découvrir son cadeau, Cédric … le nœud du paquet. — Les moniteurs de ski … d'emprunter les pistes qu'ils jugent trop dangereuses. — Mes parents … au supermarché en fin de semaine. — Tu ne me … pas car tu … que je … la vérité. — Ma copie est mal écrire, alors je la … . — Pour nous rendre chez le pharmacien, nous … un détour.

Révisions : exercice 478, p. 145

Conjugaison

L'imparfait de l'indicatif : verbes en -er

Avant de monter sur mon vélo, je réglais la selle et je gonflais les pneus.

Règle

À l'imparfait de l'indicatif, tous les verbes terminés par **-er** à l'infinitif ont les mêmes terminaisons.

- Je découpais des images et je les collais dans un album.
- Tu découpais des images et tu les collais dans un album.
- Il/Elle découpait des images et il/elle les collait dans un album.
- Nous découpions des images et nous les collions dans un album.
- Vous découpiez des images et vous les colliez dans un album.
- Ils/Elles découpaient des images et ils/elles les collaient dans un album.

★ **409** **Recopie ces phrases en les complétant avec les verbes suivants.**

guettait – contrôlaient – dressait – calmais – cajolais – cotisions – publiaient – brutalisiez

Les gendarmes … la vitesse des véhicules. − Nous … tous à la coopérative scolaire. − Le chat … la souris depuis un bon moment. − Vous ne … jamais les animaux. − Je … mon ours en peluche. − Les journaux d'autrefois … des romans-feuilletons. − Ce dompteur … les fauves en quelques semaines. − Tu … ta toux avec deux cuillères de sirop chaque soir.

★★ **410** **Conjugue les verbes de ces expressions à l'imparfait de l'indicatif.**

marcher sur le côté gauche de la chaussée   **répéter** la même chose
distribuer le journal de la classe   **adorer** les gaufres et les crêpes
repasser les chemises   **déballer** les commissions

★★ **411** **Recopie ces phrases en conjuguant les verbes entre parenthèses à l'imparfait de l'indicatif.**

Tous les villageois (participer) aux moissons. − Du haut de la tour, nous (admirer) les vieux quartiers. − À chacun de mes anniversaires, maman (préparer) un gâteau. − Chaque soir, je (réviser) mes leçons pour le lendemain. − Les femmes (tricoter) des pull-overs avec simplement des aiguilles. − De temps en temps, vous (donner) des conseils pour les décors. − Solène n'(oublier) jamais de recharger son portable. − Aussitôt que tu te (réveiller), tu (sauter) du lit ! − L'hiver dernier, Steve (porter) une parka fourrée et un bonnet. − La pluie (favoriser) la pousse du gazon. − Tu (ignorer) le poids de cette valise. − Vous (hésiter) entre ces deux modèles de téléphones.

412 Recopie ces phrases en complétant avec des sujets (noms ou pronoms) de ton choix.

… marchions d'un bon pas. — À Versailles, … vivait dans le luxe. — Dans leur pré, … regardaient passer les trains. — … reveniez toujours bronzés de vos vacances. — En 1980, … ne trouvait aucun ordinateur dans les écoles et les bureaux. — … passais toutes tes soirées devant ta console de jeux. — Chaque 14 Juillet, … défilaient sur l'avenue des Champs-Élysées. — … nettoyais mes pinceaux. — … provoquaient des démangeaisons douloureuses. — … filmait l'envol des flamants roses. — En clouant les planches, … s'écrasait parfois les doigts. — Avant l'invention de la boussole, … observaient les étoiles pour choisir la bonne direction.

413 Recopie ces phrases en écrivant les verbes en gras à l'imparfait de l'indicatif.

Les personnes économes ne **dépensent** pas leur argent inutilement. — Tu te **maquilles** avec beaucoup de soin. — Chaque après-midi, nous écout**ons** les histoires que la maîtresse **raconte**. — À quatre-vingt-dix ans, M. Louis **coupe** encore lui-même son bois. — Vous **comptez** sur notre présence pour vous aider. — Certains randonneurs **traversent** la France à pied. — Je me **réchauffe** près du radiateur. — Nous **tassons** nos vêtements au fond de notre sac. — Tu **admires** les illuminations de Noël. — Les moteurs **tournent** au ralenti en attendant le départ de la course. — Les forains **installent** leurs stands. — Tu n'**oses** pas t'aventurer sur cet étroit sentier. — Je n'**aime** pas rester dans le noir.

414 Recopie ces phrases en écrivant les verbes entre parenthèses à l'imparfait de l'indicatif.

Tu (tresser) des fils de plastique pour en faire des scoubidous. — Après chaque croisière, le paquebot (rentrer) à son port d'attache. — Le directeur (convoquer) les élèves turbulents dans son bureau. — Lorsque vous (débuter) en surf, vous (tomber) souvent. — À l'école maternelle, les récréations (durer) plus longtemps. — Au cours préparatoire, tu (compter) sur tes doigts. — Nous (soupeser) les melons avant de les acheter. — Il y a peu, Mme Charif (résider) à Guyancourt. — Autrefois, les familles pauvres ne (scolariser) pas leurs enfants. — Cette personne (lutter) pour surmonter son handicap. — Vous (dévorer) la crème au chocolat des yeux.

415 Réécris ces phrases en commençant par l'expression en gras et en écrivant le verbe à l'imparfait.

Les esclaves effectuent toutes les tâches domestiques. → **Dans l'Antiquité…**
Vous participez au rassemblement des majorettes. → **Dimanche dernier…**
Gutenberg invente l'imprimerie dans un atelier allemand. → **Au xvᵉ siècle…**
Tu décores le sapin de Noël. → **Hier…**
Mon grand-père raconte des histoires de sa jeunesse. → **À la veillée…**
Nous sommes au CE1. → **L'an dernier…**
Les téléviseurs ne présentaient pas d'images en couleurs. → **Pendant longtemps…**

Révisions : exercice 479, p. 145

Conjugaison

L'imparfait de l'indicatif : verbes être et avoir

Comme le vase était en plastique, je n'avais pas peur de le casser.

Règle

À l'imparfait de l'indicatif, les verbes **être** et **avoir** ont les mêmes terminaisons que les autres verbes.

être	avoir
• J'étais au gymnase.	J'avais des baskets.
• Tu étais au gymnase.	Tu avais des baskets.
• Il/Elle était au gymnase.	Il/elle avait des baskets.
• Nous étions au gymnase.	Nous avions des baskets.
• Vous étiez au gymnase.	Vous aviez des baskets.
• Ils/Elles étaient au gymnase.	Ils/Elles avaient des baskets.

★ **416** **Recopie ces phrases en écrivant les verbes entre parenthèses à l'imparfait de l'indicatif.**

Tu (être) de bonne humeur parce que tu (avoir) d'excellentes notes. — Quand Gautier (être) plus jeune, papa l'(embrasser) tous les soirs dans son lit. — (Avoir)-vous le trac lors des contrôles de mathématiques ? — Quand tu (avoir) les paupières lourdes, il (être) temps d'aller te coucher. — Les élèves (être) à l'abri sous le préau. — Tu (laisser) une lampe éclairée car tu (avoir) peur dans le noir. — Nous (chantonner) quand nous (être) sous la douche. — Ces jumelles (avoir) les yeux bleus et les cheveux roux. — Quand j'(être) petite, mes parents (installer) un siège pour enfant dans la voiture.

★★ **417** **Conjugue les verbes de ces expressions à l'imparfait de l'indicatif.**

avoir la peau douce
avoir des feutres de toutes les couleurs
être à l'abri sous un parapluie

avoir les yeux pleins de larmes
être devant l'entrée de l'immeuble
ne pas **être** à l'heure

★★★ **418** **Recopie ces phrases en écrivant les verbes en gras à l'imparfait de l'indicatif.**

Quand l'eau **est** chaude, j'**aime** me baigner dans ce lac. — Le niveau des eaux **baisse** à vue d'œil, mais les dégâts **sont** considérables. — Vous ne vous **égarez** pas, car vous **avez** un plan du quartier sur l'écran de votre portable. — Je **suis** la seule à pouvoir réciter cette longue poésie. — Les questions **sont** si simples que je **trouve** aisément toutes les réponses. — Le voyageur **a** une place réservée près de la fenêtre. — Quand j'**ai** un moment de libre, je **joue** avec mes poupées.

Révisions : exercice 480, p. 145

L'imparfait de l'indicatif : verbes en -ir comme finir

Lorsque la route se rétrécissait, les conducteurs ralentissaient.

Règle

À l'imparfait de l'indicatif, les verbes en **-ir** comme **finir** ont les mêmes terminaisons que les autres verbes, mais il faut intercaler l'élément **-ss-** entre le radical et la terminaison **pour toutes les personnes**.

finir
- Je fini**ss**ais mes devoirs.
- Tu fini**ss**ais tes devoirs.
- Il/Elle fini**ss**ait ses devoirs.
- Nous fini**ss**ions nos devoirs.
- Vous fini**ss**iez vos devoirs.
- Ils/Elles fini**ss**aient leurs devoirs.

agir
- J'agi**ss**ais avec calme.
- Tu agi**ss**ais avec calme.
- Il / Elle agi**ss**ait avec calme.
- Nous agi**ss**ions avec calme.
- Vous agi**ss**iez avec calme.
- Ils / Elles agi**ss**aient avec calme.

★ **419** **Recopie ces phrases en complétant avec les verbes qui conviennent.**

ressemblions – remplissais – envahissaient – embellissait – répartissais – réfléchissiez – rougissions

Vous … au choix de votre futur métier. – La roseraie … de jour en jour. – Quand nous …, nous … à une tomate ou à un coquelicot ! – Je … les questionnaires avec un stylo bleu. – Tu … les cartes en quatre tas égaux. – Les supporters … parfois le terrain à la fin du match pour manifester leur joie.

★★ **420** **Observe l'exemple et transforme les phrases.**

Je viens de **bondir** sur le trampoline. → Je **bondissais** sur le trampoline.

Le jardinier vient d'**enfouir** les mauvaises herbes. – Les engins de terrassement viennent d'élargir le passage. – Nous venons de **réussir** des épreuves difficiles. – Vous venez de **réunir** vos meilleurs copains. – Tu viens d'**agir** un peu à la légère.

★★★ **421** **Recopie ces phrases en écrivant les verbes entre parenthèses à l'imparfait de l'indicatif.**

Avec la chaleur, les fruits (pourrir) dans les cageots. – Gargantua (engloutir) plusieurs moutons pour son petit déjeuner ! – Les hommes préhistoriques (se nourrir) de viande et de poisson. – Les banquiers (prêter) de l'argent aux rois et ils s'(enrichir). – Pourquoi (noircir)-tu ton dessin ? – Tu ne (désobéir) jamais à tes parents. – Les cerises (mûrir) au soleil de juin. – Lorsque la marée (monter), les vagues (démolir) nos châteaux de sable. – Grand-père (s'assoupir) souvent avant la fin du film. – Dans les gares, des panneaux lumineux (avertir) les voyageurs.

Révisions : exercice 481, p. 146

Conjugaison

61ᵉ Leçon
L'imparfait de l'indicatif : verbes en -ir comme venir, tenir

Tu venais de bonne heure, car tu tenais à ne pas être en retard.

Règle

À l'imparfait de l'indicatif, tous les verbes des familles de **venir** et **tenir** ont les mêmes terminaisons qui s'ajoutent au radical de l'infinitif.

venir
- Je venais de bonne heure.
- Tu venais de bonne heure.
- Il/Elle venait de bonne heure.
- Nous venions de bonne heure.
- Vous veniez de bonne heure.
- Ils/Elles venaient de bonne heure.

tenir
Je tenais la bouée.
Tu tenais la bouée.
Il/Elle tenait la bouée.
Nous tenions la bouée.
Vous teniez la bouée.
Ils/Elles tenaient la bouée.

★ **422** **Recopie ces phrases en complétant avec les verbes qui conviennent.**

intervenais – revenions – reteniez – détenait – tenais – devenaient

Ce collectionneur … une pièce de monnaie datant du Moyen Âge. — Au soleil, mes cheveux … de plus en plus blonds. — Tu … souvent pour donner ton avis. — Nous … de la patinoire lorsque la neige se mit à tomber. — Dans la petite scène jouée devant les parents, je … le rôle d'un cuisinier. — Vous … votre fou rire.

★★ **423** **Recopie ces phrases en écrivant les verbes entre parenthèses à l'imparfait de l'indicatif.**

Autrefois, les esclaves (appartenir) à leurs maîtres pour toute leur vie. — D'Artagnan (tenir) son épée d'une main ferme. — Je (venir) de me réveiller lorsque ma mère ouvrit la porte de ma chambre. — Vous (fermer) les volets et ainsi vous (entretenir) la fraîcheur. — Tu (parvenir) à construire des petites maisons avec tes briques Lego. — Si nous (attraper) le foulard, nous (obtenir) un tour de manège gratuit.

★★★ **424** **Recopie ces phrases en écrivant les verbes en gras à l'imparfait de l'indicatif.**

La vieille malle du pirate **contient** la carte du trésor. — Je **maintiens** les bûches pour que mon père les **scie**. — Denis **tient** certainement ses yeux verts de sa grand-mère. — Les habitants **préviennent** les inondations en construisant des digues. — Tu **parviens** à renverser toutes les quilles avec une seule boule. — Nous **prenons** le car pour aller à la piscine, mais nous **revenons** à pied. — Vous **intervenez** pour aider vos camarades. — Le maçon **tient** l'échelle appuyée contre le mur. — Les enfants **reviennent** émerveillés du parc d'attractions.

Révisions : exercice 482, p. 146

L'imparfait de l'indicatif : verbes en -dre comme attendre, prendre

Tu attendais l'arrivée du train et tu ne comprenais pas les raisons de son retard.

Règle

À l'imparfait de l'indicatif, tous les verbes terminés par **-dre** à l'infinitif ont les mêmes terminaisons.

Cependant, les verbes de la famille de **prendre** perdent le **d** du radical pour toutes les personnes.

attendre
- J'attendais une réponse.
- Tu attendais une réponse.
- Il/Elle attendait une réponse.
- Nous attendions une réponse.
- Vous attendiez une réponse.
- Ils/Elles attendaient une réponse.

prendre
Je prenais une douche.
Tu prenais une douche.
Il/Elle prenait une douche.
Nous prenions une douche.
Vous preniez une douche.
Ils/Elles prenaient une douche.

★ **425** **Recopie ces phrases en complétant avec les verbes qui conviennent.**

apprenais – confondiez – rendais – pondaient – revendait – perdions

L'ébéniste … les meubles après les avoir restaurés. — Nous ne … pas de temps pour effectuer nos achats. — Au CE1, j'… mes tables de multiplication par cœur. — Les poules de Mme Nunès … un œuf chaque jour. — Tu te … chaque semaine à ton cours de piano. — Vous … les couleuvres et les vipères.

★★ **426** **Transforme ces phrases comme dans l'exemple.**

Il vient de **tordre** des barres de fer. → Il **tordait** des barres de fer.

Les mamans viennent d'**attendre** la sortie de leurs enfants de l'école maternelle. — Tu viens de **reprendre** la parole. — L'agriculteur vient de **répandre** de l'engrais sur son champ de betteraves. — Je viens de **répondre** aux messages reçus sur mon téléphone. — Vous venez de **pendre** vos vêtements dans le couloir.

★★★ **427** **Recopie ces phrases en écrivant les verbes entre parenthèses à l'imparfait de l'indicatif.**

Nous ne (confondre) pas les différents morceaux du puzzle. — Vous (prétendre) avoir lu toutes les aventures de la Reine des Neiges. — Lorsque le vent (souffler), je (prendre) une écharpe et un bonnet. — Ce groupe de touristes (comprendre) plus de vingt personnes. — Chaque clé (correspondre) à un seul cadenas de casier. — Ce chien (montrer) les dents, mais ne (mordre) jamais.

Conjugaison

Révisions : exercice 483, p. 146

L'imparfait de l'indicatif : verbes comme lire, écrire

Chacun écrivait son prénom. Ensuite, nous les lisions à haute voix.

Règle

À l'imparfait de l'indicatif, les verbes comme **lire** et **écrire** ont les mêmes terminaisons que les autres verbes, mais leur radical est modifié pour toutes les personnes.

lire
- Je lisais à haute voix.
- Tu lisais à haute voix.
- Il/Elle lisait à haute voix.
- Nous lisions à haute voix.
- Vous lisiez à haute voix.
- Ils/Elles lisaient à haute voix.

écrire
J'écrivais mon prénom.
Tu écrivais ton prénom.
Il/Elle écrivait son prénom.
Nous écrivions notre prénom.
Vous écriviez votre prénom.
Ils/Elles écrivaient leur prénom.

★ **428** **Recopie ces phrases en complétant avec les verbes qui conviennent.**

écrivions – inscrivait – écrivais – relisiez – lisais – était – décrivaient

Nous … nos textes libres sur le cahier du jour. — Tous les soirs, tu … une histoire à ta petite sœur. — Les ailes volantes … de larges courbes au-dessus de la vallée. — J'… parfois avec un stylo à plume, mais ce n'… pas très facile. — Le moniteur de ski … les noms des débutants pour le passage de la première étoile. — Vous … toujours votre dictée pour ne pas laisser d'erreurs.

★★ **429** **Recopie ces phrases en écrivant les verbes entre parenthèses à l'imparfait de l'indicatif.**

La Fontaine (écrire) des fables dans lesquelles les animaux (parler). — À l'école maternelle, vous ne (lire) pas encore les albums, vous (regarder) simplement les images. — Nous nous (inscrire) pour participer au tirage de la tombola. — Au Moyen Âge, les moines (écrire) avec des plumes d'oie trempées dans l'encre. — Je (relire) l'énoncé du problème, car je n'(avoir) pas bien compris.

★★★ **430** **Recopie ces phrases en écrivant les verbes en gras à l'imparfait de l'indicatif.**

Tu **lis** toujours la règle du jeu avant de commencer la partie. — Vous **écrivez** chaque jour ce que vous **avez** fait dans la journée. — Lorsque Tania **est** en colonie, elle **écrit** toutes les semaines à ses parents. — Certains peintres n'**inscrivent** pas leur nom au bas de leurs tableaux. — Nous **lisons** plusieurs fois nos poésies, puis nous les **apprenons** par cœur. — Avant de commencer un nouveau jeu, vous **lisez** les règles.

 Révisions : exercice 484, p. 146

64ᵉ
Leçon

L'imparfait de l'indicatif : verbes en -oir comme voir, pouvoir, vouloir, savoir

Tu ne savais pas que Steven pouvait jongler avec quatre balles.

Règle

À l'imparfait de l'indicatif, les verbes terminés par **-oir** à l'infinitif ont les mêmes terminaisons que les autres verbes ; seul le radical du verbe **voir** est modifié.

voir	pouvoir	vouloir	savoir
• je voyais	je pouvais	je voulais	je savais
• tu voyais	tu pouvais	tu voulais	tu savais
• il/elle voyait	il/elle pouvait	il/elle voulait	il/elle savait
• nous voyions	nous pouvions	nous voulions	nous savions
• vous voyiez	vous pouviez	vous vouliez	vous saviez
• ils/elles voyaient	ils/elles pouvaient	ils/elles voulaient	ils/elles savaient

★ **431** **Recopie ces phrases en complétant avec les verbes qui conviennent.**

pouvais – savais – voyaient – voulais – savaient – pouviez – voyions – voulait

Nous … la marée recouvrir lentement les rochers. — Tu … toujours que ta grande sœur t'accompagne au gymnase. — Les caravaniers … s'épuiser leurs réserves d'eau potable. — Les hommes préhistoriques ne … pas tous allumer un feu. — Je ne … pas imaginer que mes parents m'offriraient un si beau cadeau. — La méchante reine ne … pas croire que Blanche-Neige était plus belle qu'elle. — Je … que, autrefois, des enfants travaillaient au lieu d'aller à l'école. — Vous … écouter de la musique pendant des heures.

★★ **432** **Recopie ces phrases en écrivant les verbes entre parenthèses à l'imparfait de l'indicatif.**

L'ogre (pouvoir) manger plusieurs poulets en un seul repas. — Nous (savoir) changer les piles de nos jouets électriques. — Après ta chute, tu ne (pouvoir) plus bouger le bras. — Vous (voir) plonger les dauphins. — Étonnés, les motards (voir) zigzaguer les cyclistes. — D'un seul mot, je (pouvoir) appeler mon chien. — Les ouvriers (vouloir) creuser un tunnel. — Vous ne (pouvoir) pas ouvrir ces bouteilles de soda. — Tu (vouloir) regrouper toutes les fiches dans une même boîte. — Cet entraîneur (savoir) encourager ses joueurs avant chaque match. — Les navigateurs (voir) les voiles se gonfler. — Je (pouvoir) mettre une flèche au centre de la cible.

★★★ **433** **Conjugue les verbes de ces expressions à l'imparfait de l'indicatif.**

vouloir corriger les erreurs
voir l'île de Ré

savoir découper des images
pouvoir suivre des conseils

Conjugaison

Révisions : exercice 485, p. 146

65e Leçon
L'imparfait de l'indicatif : verbes aller, dire, faire

Pour éviter de traverser l'avenue, Joachim nous disait qu'il faisait un détour quand il allait au centre aéré.

Règle

À l'imparfait de l'indicatif, les verbes **aller**, **dire** et **faire** ont les mêmes terminaisons que tous les autres verbes, mais le radical des verbes **dire** et **faire** est modifié.

aller	dire	faire
• J'allais au cirque.	Je disais bonjour.	Je faisais du vélo.
• Tu allais au cirque.	Tu disais bonjour.	Tu faisais du vélo.
• Elle allait au cirque.	Elle disait bonjour.	Elle faisait du vélo.
• Nous allions au cirque.	Nous disions bonjour.	Nous faisions du vélo.
• Vous alliez au cirque.	Vous disiez bonjour.	Vous faisiez du vélo.
• Ils allaient au cirque.	Ils disaient bonjour.	Ils faisaient du vélo.

★ **434** **Recopie en plaçant un pronom de conjugaison devant les verbes. Attention ! Il y a parfois plusieurs solutions.**

… disais au revoir en agitant mon mouchoir. — … faisaient des sauts exceptionnels. — … allait parfois à la pêche au bord de la Creuse. — … faisais peur à tout le monde avec ton masque de gorille. — … disiez beaucoup de choses intéressantes. — … allions nous renseigner sur les prix des différentes montres.

★★ **435** **Recopie ces phrases en écrivant les verbes entre parenthèses à l'imparfait de l'indicatif.**

Nous n'(aller) pas abandonner ce petit chaton égaré. — Cette grand-mère (faire) des confitures savoureuses. — Les hommes préhistoriques (aller) chasser avec des arcs et des flèches. — Vous (trouver) que les pâtes (être) trop cuites. — C'est bien ce que je (dire) : il pleut ! — J'(aller) tous les mercredis au poney-club avec ma sœur.

★★★ **436** **Recopie ces phrases en écrivant les verbes en gras à l'imparfait de l'indicatif.**

Je **fais** mes devoirs sur un petit bureau. — Un échafaudage **interdit** le passage des piétons le long de l'immeuble. — Tu **vas** chez le dentiste. — Vous **faites** des efforts pour marcher plus vite. — En vacances, Renaud **va** se promener le long de la plage. — Les enfants **font** des tours de manège. — Ton sourire **dit** que tu **es** vraiment content. — Je **fais** parfois des erreurs lorsque je **recopie** des mots difficiles. — Vous **allez** faire une bêtise en montant sur cet escabeau. — Nous **faisons** notre lit tous les matins.

Révisions : exercice 486, p. 147

66ᵉ
Leçon

Le futur simple de l'indicatif : verbes en -er

Lorsque tu arriveras sans tomber au bas de la piste rouge, le moniteur de ski te félicitera.

Règle

Au futur simple de l'indicatif, tous les verbes terminés par **-er** à l'infinitif ont les mêmes terminaisons qui s'ajoutent à l'infinitif.

respirer

- Je respirerai l'air frais.
- Tu respireras l'air frais.
- Il/Elle respirera l'air frais.

Nous respirerons l'air frais.
Vous respirerez l'air frais.
Ils/Elles respireront l'air frais.

Pour les verbes terminés par **-ier**, **-ouer**, **-uer**, il ne faut pas oublier le **e** de l'infinitif, même s'il ne s'entend pas.

- Je crierai fort.   Tu joueras au loto.   Il éternuera.

★ **437** **Recopie ces phrases en plaçant un pronom de conjugaison devant les verbes.**

… veillerons assez tard.   … planteront des radis.   … profiterai du soleil.
… salera ses frites.   … débuterez le chapitre.   … décoderons le message.

★★ **438** **Recopie ces phrases en complétant avec les verbes suivants.**

emprunterez – mélangeront – empilera – éplucherai – imaginerons – garderas
J' … les carottes et les pommes de terre. — Tu … ton billet d'entrée à Touroparc, en souvenir ! — Nous … une suite à cette histoire. — Les maçons … le sable, le ciment et l'eau. — Vous … le passage souterrain par sécurité. — Le bébé … les cubes.

★★★ **439** **Recopie ces phrases en écrivant les verbes en gras au futur simple.**

À l'aide de ce questionnaire, vous **testez** nos connaissances. — Nous ne **dépensons** pas dix euros pour acheter ce jeu. — Les visiteurs ne **touchent** pas les objets exposés au musée. — Tu **partages** la tarte en huit morceaux. — Vous **louez** un pédalo sur le lac d'Annecy. — Je n'**échappe** pas à la séance de relaxation.

★★★ **440** **Recopie ces phrases en écrivant les verbes en gras au futur simple.**

Nous **étudions** les grandes périodes de l'histoire de France. — Tu **copies** les résultats du problème. — Vous **reculez** votre pion de trois cases. — Les cosmonautes **effectuent** une sortie dans l'espace. — Mon oncle **loue** un chalet pour les prochaines vacances de février. — Je m'**habitue** rapidement à ma nouvelle tablette.

Conjugaison

Révisions : exercice 487, p. 147

67ᵉ Leçon

Le futur simple de l'indicatif : verbes être et avoir

Quand nous serons dans le noir, tu auras peur !

Règle

Au futur simple de l'indicatif, les verbes **être** et **avoir** ont les mêmes terminaisons que les autres verbes, mais leur radical est modifié.

être	avoir
• Je serai dans la cour.	J'aurai une idée.
• Tu seras dans la cour.	Tu auras une idée.
• Il/Elle sera dans la cour.	Il/Elle aura une idée.
• Nous serons dans la cour.	Nous aurons une idée.
• Vous serez dans la cour.	Vous aurez une idée.
• Ils/Elles seront dans la cour.	Ils/Elles auront une idée.

441 **Recopie ces phrases en complétant avec les verbes de la liste suivante.**

aurons – tournera – sera – aurai – auront – seras – organiserons – fixera – aurez

Pour mon anniversaire, j'… de nombreux cadeaux. — Quand Malika … devant la caméra, elle … l'objectif. — En descendant du manège, vous … la tête qui … . — Les joueurs de tennis … des tenues blanches. — Comme nous … le temps, nous … un grand jeu de piste. — Tu … prête dans un instant.

442 **Recopie ces phrases en écrivant les verbes entre parenthèses au futur simple.**

Avec une calculatrice, le résultat (être) exact. — Si tu tombes, tu (avoir) un bleu sur la cuisse et tu (boiter). — Quand vous (être) plus âgés, vous (voyager) à travers le monde. — Je (être) sur le canapé et je (regarder) un dessin animé. — Cette moto (être) en réparation. — Tu (être) content quand le professeur t'(annoncer) que tu (passer) au CM1. — Qui (être) à l'initiative de la sortie au parc d'attractions ? — Quand nous (avoir) dix-huit ans, nous (voter) comme nos parents. — Quand elles (être) à l'étable, les vaches (avoir) leur ration de foin. — (Avoir)-tu la patience de terminer ce puzzle ?

443 **Conjugue les verbes de ces expressions au futur simple. Choisis des noms sujets pour les 3ᵉˢ personnes.**

être sur la terrasse	**avoir** un moment de répit
être sur la pelouse	**avoir** une cicatrice
être devant le supermarché	ne pas **avoir** de soucis

Révisions : exercice 488, p. 147

Le futur simple de l'indicatif : verbes en -ir comme finir

Clément pétrira la pâte, puis il l'aplatira avec un rouleau à pâtisserie.

Règle

Au futur simple de l'indicatif, les verbes en **-ir** comme **finir** ont les mêmes terminaisons que les autres verbes ; elles s'ajoutent à l'infinitif.

- Je me munirai d'une paire de ciseaux et j'arrondirai les angles.
- Tu te muniras d'une paire de ciseaux et tu arrondiras les angles.
- Elle se munira d'une paire de ciseaux et elle arrondira les angles.
- Nous nous munirons d'une paire de ciseaux et nous arrondirons les angles.
- Vous vous munirez d'une paire de ciseaux et vous arrondirez les angles.
- Ils se muniront d'une paire de ciseaux et ils arrondiront les angles.

★ **444** **Recopie ces phrases en plaçant un pronom de conjugaison devant les verbes.**

En attendant mes amies, … fleurirai le salon. — … réfléchirez longuement avant de répondre. — … adouciras cette tisane avec un peu de miel. — … élargirez les trous pour mieux planter les rosiers. — … brandira une perche pour faire tomber les noix. — En construisant le pont en seulement deux mois, … accompliront un exploit.

★★ **445** **Recopie ces phrases en écrivant les verbes entre parenthèses au futur simple.**

Tu (rebondir) sur le trampoline, tu (fléchir) les genoux et le tapis (amortir) ton saut. — S'il fait beau, les abricots (mûrir) avant fin juin. — Tu t'(accroupir) pour ramasser les perles du collier. — Le vendeur nous (garantir) la qualité de ce robot ménager. — Je ne m'(attendrir) pas sur les malheurs de ce riche prince. — Comment (réagir)-tu à l'annonce du déménagement de ton meilleur ami ? — Vous vous (rafraîchir) le visage avec une serviette éponge humide. — Si on ne les arrose pas, ces plantes (jaunir). — Tu (intervertir) les deux chiffres et ton opération (être) fausse.

★★ **446** **Recopie ces phrases en écrivant les verbes en gras au futur simple.**

Le tracteur **gravit** la côte assez facilement. — J'**épaissis** la crème avant de la verser sur les escalopes. — Nous **unissons** nos efforts pour déplacer la lourde armoire. — Les comédiens **ravissent** le public par leur jeu simple mais sincère. — Tu **remplis** les cases de la grille de mots fléchés. — Vous vous **blottissez** sous la couette. — Cette colle **durcit** en quelques secondes. — Les trains **ralentissent** lorsqu'ils **arrivent** en gare. — L'aile volante n'**atterrit** pas à l'endroit prévu. — Abandonnés dans une pièce humide, ces aliments **moisissent**.

Conjugaison

Révisions : exercice 489, p. 147

Le futur simple de l'indicatif : verbes en -ir comme venir, tenir

Lucas viendra au stade et il tiendra le poste de gardien de but.

Règle

Au futur simple de l'indicatif, tous les verbes des familles de **venir** et **tenir** prennent les mêmes terminaisons, mais le radical de l'infinitif est modifié pour toutes les personnes.

venir	tenir
• Je viendr**ai** au stade.	Je tiendr**ai** ma place.
• Tu viendr**as** au stade.	Tu tiendr**as** ta place.
• Il/Elle viendr**a** au stade.	Il/Elle tiendr**a** sa place.
• Nous viendr**ons** au stade.	Nous tiendr**ons** notre place.
• Vous viendr**ez** au stade.	Vous tiendr**ez** votre place.
• Ils/Elles viendr**ont** au stade.	Ils/Elles tiendr**ont** leur place.

Attention ! Comme il existe des terminaisons homophones, il faut bien chercher le sujet du verbe avant de les écrire.
   • tu reviendras   il reviendra

★ **447** **Recopie ces phrases en complétant avec des pronoms de conjugaison qui conviennent.**

Qu'adviendra-t-… de tous nos déchets dans quelques années ? − … viendrons nourrir les chatons abandonnés. − … retiendras ton geste pour ne pas renverser le vase. − … entretiendrai mon équipement de cavalier. − … se souviendront longtemps de leur séjour à Chamonix.

★★ **448** **Recopie ces phrases en complétant avec les verbes qui conviennent.**

tiendras – viendra – obtiendrez – interviendrai – parviendront

Au camping, vous … un emplacement à l'ombre. − J'… pour séparer ce chien et ce chat qui se battent. − Les alpinistes … au sommet au petit matin. − Tu … ton bonnet à la main pour entrer en classe. − Le camion … se garer le long du trottoir.

★★★ **449** **Recopie ces phrases en écrivant les verbes entre parenthèses au futur simple.**

Les supporters (soutenir) leur équipe favorite en agitant des drapeaux. − Je te (prévenir) quand je (être) prête. − La fin du match (survenir) dans une minute. − Pour ne pas être malade, nous nous (tenir) à l'arrière du bateau. − Je crois que cette paire de chaussures te (convenir). − Vous (venir) éplucher les pommes de terre.

Révisions : exercice 490, p. 148

Le futur simple de l'indicatif : verbes en -dre comme attendre, prendre

Jérémy prendra une assiette, puis il attendra que les frites soient bien dorées.

Règle

Au futur simple de l'indicatif, tous les verbes terminés par **-dre** à l'infinitif ont les mêmes terminaisons. Mais pour toutes les personnes, il faut supprimer le **e** du radical.

attendre
- J'attendrai mon tour.
- Tu attendras son tour.
- Il/Elle attendra son tour.
- Nous attendrons notre tour.
- Vous attendrez votre tour.
- Ils/Elles attendront leur tour.

prendre
Je prendrai le temps.
Tu prendras le temps.
Il/Elle prendra le temps.
Nous prendrons le temps.
Vous prendrez le temps.
Ils/Elles prendront le temps.

★ **450** **Recopie ces phrases en complétant avec des pronoms de conjugaison qui conviennent.**

… apprendront vite à utiliser cette nouvelle tablette. — … prendrez un rendez-vous chez la coiffeuse. — … mordrai à pleines dents dans une poire juteuse. — … comprendrons ce qu'indiquent ces panneaux lumineux. — … tordras ta serviette de bain pour qu'elle sèche plus vite. — … correspondra avec ses amies de Bretagne à l'aide de son téléphone portable.

★★ **451** **Recopie ces phrases en complétant avec les verbes qui conviennent.**
attendront – perdrez – démordrons – revendra – confondrai – rendras

Tu te … dans le bureau du directeur. — Les voitures et les motos … que le feu passe au vert pour démarrer. — Je ne … pas les différentes touches de la télécommande. — Si vous n'avez pas de plan ni de GPS, vous vous … dans cette région. — Comme Mme Henri a commandé une nouvelle voiture, elle … l'ancienne dès que possible. — Nous avons raison et nous n'en … pas !

★★★ **452** **Recopie ces phrases en écrivant les verbes entre parenthèses au futur simple.**

Le crocodile (surprendre) les gazelles au bord de la mare. — Les abeilles (défendre) l'entrée de la ruche. — Lorsque nous (avoir) dix-huit ans, nous (apprendre) à conduire. — M. Paoli (suspendre) le lustre du salon. — Tu (entreprendre) des travaux cet été. — Après avoir admiré la vue du haut de la tour, vous (redescendre). — Je (répondre) à tous ceux qui m'ont souhaité mon anniversaire.

Révisions : exercice 491, p. 148

Conjugaison

71ᵉ Leçon

Le futur simple de l'indicatif : verbes en -oir comme voir, pouvoir, vouloir, savoir

Lorsque nous verrons le feu vert, nous pourrons traverser.

Règle

Au futur simple de l'indicatif, les verbes terminés par **-oir** à l'infinitif ont les mêmes terminaisons que les autres verbes, mais leur radical est modifié.

voir	pouvoir	vouloir	savoir
• je ver**rai**	je pour**rai**	je voud**rai**	je sau**rai**
• tu ver**ras**	tu pour**ras**	tu voud**ras**	tu sau**ras**
• il/elle ver**ra**	il/elle pour**ra**	il/elle voud**ra**	il/elle sau**ra**
• nous ver**rons**	nous pour**rons**	nous voud**rons**	nous sau**rons**
• vous ver**rez**	vous pour**rez**	vous voud**rez**	vous sau**rez**
• ils/elles ver**ront**	ils/elles pour**ront**	ils/elles voud**ront**	ils/elles sau**ront**

★ **453** **Recopie ces phrases en écrivant les verbes entre parenthèses au futur simple.**

Avec un peu de courage, je (pouvoir) ranger ma chambre. — Nous (voir) le ciel se couvrir de nuages noirs. — Quand le caramel (être) chaud, vous (pouvoir) le verser sur votre flan. — Nous ne (savoir) pas qui a oublié son sac. — Dans le pré, vous (voir) galoper les jeunes poulains. — Lorsque les routiers (vouloir) se garer, ils (rechercher) un emplacement libre. — Il faut espérer que les hommes (savoir) préserver la nature. — Nous (voir) bientôt arriver les premières chutes de neige.

★★ **454** **Recopie ces phrases en remplaçant les sujets en gras par ceux entre parenthèses.**

(nous – vous – Patrick – tu – tes amis)
Je reverrai ce film avec plaisir.

(les enfants – vous – tu – Sofiane – je)
Nous voudrons assister au défilé du carnaval.

(les élèves – nous – Leïla – vous – je)
Avec ce stylo-feutre, **tu** pourras tracer des traits fins.

★★★ **455** **Recopie ces phrases en écrivant les verbes en gras au futur simple.**

Je **vois** la bougie s'éteindre lentement. — Lorsque l'avion **passe** au-dessus de Paris, les passagers **peuvent** admirer la tour Eiffel. — Lorsque tu **veux** imprimer un document, tu **vérifies** le bon état des cartouches. — Le vétérinaire **sait** comment soigner ce jeune poney. — Les ébénistes **savent** reconnaître l'origine des meubles au premier regard. — En sautant du ponton, tu **veux** étonner tes camarades.

Révisions : exercice 492, p. 148

Le futur simple de l'indicatif : verbes aller, dire, faire

Nous dirons à ceux qui iront aider les enfants handicapés qu'ils feront une bonne action.

Règle

Au futur simple de l'indicatif, les verbes **aller**, **dire** et **faire** ont des formes particulières qu'il faut bien retenir.

aller	dire	faire
• J'irai au marché.	Je dirai merci.	Je ferai un sourire.
• Tu iras au marché.	Tu diras merci.	Tu feras un sourire.
• Il/Elle ira au marché.	Il/Elle dira merci.	Il/Elle fera un sourire.
• Nous irons au marché.	Nous dirons merci.	Nous ferons un sourire.
• Vous irez au marché.	Vous direz merci.	Vous ferez un sourire.
• Ils/Elles iront au marché.	Ils/Elles diront merci.	Ils/Elles feront un sourire.

★ **456** **Recopie ces phrases en complétant avec les verbes qui conviennent.**

iront – feras – irez – sera – ferons – ouvrirai – irons – dirai

Tu … une bonne action en donnant tes vieux jouets à des enfants malheureux. − Pour éviter les flaques d'eau, nous … de grands pas. − Dès que l'émission … terminée, nous … nous coucher. − Promis, je n'… plus la bouche ; je ne … plus un mot. − Vous … remplir les arrosoirs à la fontaine. − La vendeuse est certaine que ces chaussures vous … parfaitement.

★★ **457** **Recopie ces phrases en écrivant les verbes entre parenthèses au futur simple.**

Au cirque, nous (faire) attention aux gestes du prestidigitateur. − Avec cette farine, le boulanger (faire) de l'excellent pain. − Les fusées (aller) un jour se poser sur la planète Mars. − Omar (faire)-t-il un jour le tour du monde comme il en a envie ? − Comme tu as mal à la cheville, tu n'(aller) pas jouer au football. − Vous nous (dire) si vous avez aimé cette histoire. − La ligne de métro en construction (aller) de Bobigny à Massy.

★★★ **458** **Recopie ces phrases en écrivant les verbes en gras au futur simple.**

Je **vais** m'asseoir au premier rang. − Comment **allez**-vous au centre équestre ? à pied ou à vélo ? − À la piscine, Cindy **fait** cinq longueurs de bassin sans s'arrêter. − Tu ne **dis** à personne le secret que Tristan t'a confié. − Quand il **est** imprimé, ce texte **fait** bien quatre pages. − Lorsque Léa **arrive**, nous lui **disons** de se reposer. − Nous **faisons** un gâteau au yaourt.

Révisions : exercice 493, p. 148

Conjugaison

73ᵉ Le passé composé

Leçon

Lorsque je suis partie avec ma tante, nous avons campé près d'Arcachon.

Règle

Le passé composé est formé du **présent de l'indicatif de l'auxiliaire avoir ou être** et du **participe passé du verbe conjugué**.

tomber	courir
• Je suis tombé(e).	J'ai couru.
• Tu es tombé(e).	Tu as couru.
• Elle est tombée.	Elle a couru.
• Nous sommes tombé(e)s.	Nous avons couru.
• Vous êtes tombé(e)s.	Vous avez couru.
• Ils sont tombés.	Ils ont couru.

La majorité des verbes se conjuguent avec l'auxiliaire **avoir**. Seuls quelques verbes se conjuguent avec l'auxiliaire **être** : **partir**, **rester**, **arriver**, **aller**, **entrer**, **sortir**…

Au passé composé, **être** et **avoir** se conjuguent avec l'auxiliaire **avoir**.

- **avoir :** j'ai eu   tu as eu   il a eu
       nous avons eu   vous avez eu   ils ont eu
- **être :** j'ai été   tu as été   il a été
       nous avons été   vous avez été   ils ont été

Attention ! Seul le participe passé employé avec l'auxiliaire **être** s'accorde en **genre** et en **nombre** avec le sujet du verbe.

★ **459** **Recopie ces phrases en complétant avec les participes passés qui conviennent.**

née – enfilé – oublié – allés – souligné

Nous sommes … au stade en courant, pour nous échauffer ! – Les plongeurs ont … leur combinaison étanche. – Nous avons … les mots importants. – Daphné est … le 18 mars 2010. – J'ai … la retenue et mon opération est fausse.

★ **460** **Recopie ces phrases en complétant avec l'auxiliaire qui convient.**

sommes – ai – es – ont – est

Le gendarme … intervenu pour régler la circulation. – J'… été déçue par la fin du film. – Tu … venue en classe avec ton lapin. – Nous … ressortis du souterrain couverts de poussière ! – Ces quelques mots … résumé la situation.

461 Recopie ces phrases en écrivant les verbes entre parenthèses au passé composé.

Nous (servir) les brochettes, grillées à point. — Vous (gagner) du temps en prenant ce raccourci. — La foudre (tomber) sur le clocher de l'église de Viré. — Les maçons (consolider) le vieux mur. — Aubin (étendre) le linge dans le jardin. — Tu (réfléchir) avant d'agir : c'est bien ! — L'agriculteur (répandre) de l'engrais dans ses champs. — J'(vérifier) les résultats à l'aide de la table de Pythagore.

462 Conjugue les verbes de ces expressions au passé composé. Attention aux accords !

aller au cinéma   **caresser** le chat   **avoir** un téléphone portable
être absent une semaine   **devenir** une vedette   **assister** à un concert

463 Recopie ces phrases en écrivant les verbes entre parenthèses au passé composé.

Mme Navarro (héberger) des touristes danois dans son gîte. — J'(échanger) mes vieux livres contre des albums de bande dessinée. — L'esclavage (enrichir) les négriers, mais (provoquer) des millions de morts. — Nous (monter) au quinzième étage de l'immeuble chez notre copain Paul. — En fouillant dans la bibliothèque, tu (tomber) sur un livre que tu (ne pas lire). — Julie (partir) au marché sans son porte-monnaie. — Vous (avoir) de la peine à retrouver vos esprits après votre chute. — La bête du Gévaudan (terroriser) les paysans qui (finir) par l'abattre.

464 Recopie ces phrases en complétant avec des sujets (noms ou pronoms) de ton choix. Attention au sens et aux accords !

… ai cherché la meilleure solution pour dévisser le couvercle de cette boîte. — … ont ébloui l'automobiliste qui arrivait sur la droite. — … avons décroché les vieux tableaux et … les avons remplacés par des photogaphies. — … suis ressortie de la boulangerie avec une baguette sous le bras. — … sont allés à la piscine et … se sont baignés. — … as croisé tes skis et … es tombée dans la neige poudreuse. — … a profité d'une erreur des défenseurs pour aplatir le premier essai. — … avez aidé un aveugle à traverser la rue. — … sont parvenus au sommet du col et … ont mis pied à terre pour boire et souffler un peu.

465 Recopie ces phrases en écrivant les verbes en gras au passé composé.

Vous **démontez** le moteur de la voiture électrique. — L'immense cheminée de l'usine **enlaidit** le paysage. — Nous **confondons** les noms de ces deux rues et nous nous **perdons**. — La mairie **promet** la gratuité à la piscine pour les enfants de moins de dix ans. — Dès que Bertrand **prononce** quelques mots, ses parents l'**enregistrent** au magnétophone. — Louisa **se souvient** parfaitement des détails du costume de l'Avare dans la pièce de Molière. — Je **roule** les tapis pour pouvoir les déplacer plus facilement. — Les avalanches ne **font** aucune victime, par miracle. — Tu **viens** à l'école sans ton cartable.

Révisions : exercice 494, p. 148

Conjugaison

466 **Trouve l'infinitif des verbes de chaque ligne en séparant le radical de la terminaison.**

je sais – elle saura – nous savions – que je sache → savoir

il va – nous allions – j'irai – ils allèrent – que j'aille → ...

je veux – vous voulez – tu voudras – que je veuille → ...

tu bois – il buvait – ils boiront – j'ai bu – que je boive → ...

je fais – vous faites – il faisait – elle fera – que je fasse → ...

elle peint – tu peignais – elles peindront – que je peigne → ...

tu connais – il connaissait – vous connaîtrez – il a connu → ...

il agit – elles agissaient – tu agiras – que tu agisses → ...

nous croyons – je crus – tu croiras – tu as cru – que je croie → ...

tu vois – ils voyaient – je vis – j'ai vu – vous verriez → ...

Voir leçon 47

467 **Indique le temps (passé – présent – futur) et la personne des verbes en gras.**

Mathilde **a renversé** son bol. → passé → 3ᵉ personne du singulier

Je ne **comprends** pas les consignes. → ...

Tu **corrigeras** tes erreurs plus tard. → ...

Nous **ressentirons** un petit pincement au cœur. → ...

Par maladresse, tu **effaças** le document sur ton ordinateur. → ...

Le ballon **rebondira** à une hauteur impressionnante. → ...

Les marteaux **servent** à enfoncer les clous. → ...

N'**oublie** pas tes baskets et ton short. → ...

J'**ai refusé** de m'engager sur cette passerelle trop étroite. → ...

Vous **avez rangé** vos affaires dans vos casiers. → ...

Nous **avançons** à pas de loup. → ...

Voir leçon 48

468 **Recopie ces phrases. Souligne les verbes conjugués à un temps simple et entoure ceux conjugués à un temps composé.**

Le vétérinaire soigne la patte de ce cheval. – Pourquoi certains Parisiens sont-ils retournés vivre en Provence ? – Le concert a plu à tous les spectateurs ; une nouvelle étoile de la chanson est née ce soir. – Pendant la période des soldes, les clients obtiennent d'importantes réductions. – Les chalutiers sont sortis du port à petite vitesse. – Prudent, Zacharie tournera sept fois sa langue dans sa bouche avant de répondre. – Le joueur brutal sera exclu du terrain par l'arbitre. – Mon cousin s'entraîne sur la piste de vélocross. – Une forêt de pins a brûlé la semaine dernière. – Les baobabs poussent en Afrique.

Voir leçon 49

469 **Recopie ces phrases en écrivant les verbes entre parenthèses au présent de l'indicatif.**

Tu (mouliner) les pommes de terre pour en faire de la purée. — Louisa (attacher) ses cheveux à l'aide d'un ruban. — Je (multiplier) tous les nombres par cinq. — La dépanneuse (remorquer) la voiture accidentée. — Vous (plisser) les yeux parce qu'il y (avoir) du soleil. — Les actrices se (maquiller) avant de passer devant la caméra. — Tu (enregistrer) les numéros dans ton répertoire. — Nous (fredonner) le refrain et le premier couplet. — Le cascadeur (impressionner) le public par son audace. — Je (brosser) mes vêtements. — Vous (trier) les images. — Des barrières (entourer) l'emplacement où les autobus (stationner). **Voir leçon 50**

470 **Recopie ces phrases en écrivant les verbes entre parenthèses au présent de l'indicatif.**

Tu (afficher) de nouvelles photographies sur les murs de ta chambre. — Je (jongler) avec trois balles. — Ce coureur (améliorer) son record personnel. — Les guêpes (bourdonner) autour du pot de confiture. — Nous (apprécier) cette salade de fruits. — Les magasins (fermer) à vingt heures. — Vous n'(oser) pas vous jeter à l'eau sans bouée. — Le plombier (souder) les tuyaux et (poser) un nouveau robinet. **Voir leçon 50**

471 **Recopie ces phrases en les complétant avec des sujets (noms – groupes nominaux – pronoms) qui conviennent.**

… sollicitons une petite faveur de votre part. — … t'abonnes à un journal pour enfants. — … occupent des places à l'avant de l'autobus. — … sépare ces deux immeubles. — … me réveille tous les matins de bonne heure. — … n'oubliez pas de fermer l'eau après vous être lavé les mains. — … vous cachent entièrement le visage. — … désigne un élève pour distribuer les cahiers de ses camarades. — … arraches ta dent de lait. — … pliez les draps et les couvertures. — … décore ma chambre avec des animaux en peluche. — Dans la famille, … apprécions tous les tomates farcies. **Voir leçon 50**

472 **Recopie ces phrases en complétant avec les formes du présent de l'indicatif des verbes être ou avoir qui conviennent.**

Ma chienne … affectueuse ; j'… de la chance. — Tu … froid et tu … fiévreux ; tes parents … inquiets. — Les hérons … de longues pattes, très fines, mais elles … fragiles. — Cet orateur … la parole facile ; tous les auditeurs … à l'écoute. — Ce morceau de pain … rassis. — Je … devant le rayon des disques et j'… le choix. — Tu … une belle écriture ; nous … en admiration. — Le funambule … au-dessus du vide ; il … une lourde perche dans les mains. — L'ogre … de l'appétit et il … à la poursuite du Petit Poucet. — Le jardinier … un nouvel arrosoir et ses légumes … magnifiques. — Les girafes … un long cou. — Je … sur mes gardes ; il y … du bruit dans le couloir. — Les spéléologues … dans une grotte et ils … peur de se perdre. **Voir leçon 51**

Conjugaison

473 **Recopie ces phrases en écrivant les verbes entre parenthèses au présent de l'indicatif.**

Comme le problème (être) difficile, nous (réfléchir) un long moment. — Vous (remplir) votre chariot de boîtes de conserve. — Les carottes (refroidir) dans la casserole. — Nous (répartir) également les jetons entre tous les joueurs. — Ce linge de mauvaise qualité (rétrécir) au lavage. — Je me (réjouir) de te savoir en bonne santé. — La vendeuse nous (garantir) que cet appareil (fonctionner) sans piles. — Vous (enrichir) vos phrases avec des adjectifs. — Les fourmis (envahir) la terrasse. — Nourdine (choisir) de ne pas sortir en récréation. — Tu (obéir) aux consignes du professeur de judo. — Les ouvriers (démolir) une vieille cabane. — Je (réunir) des amis pour mon anniversaire. — Vous (saisir) la casserole à pleines mains.

Voir leçon 52

474 **Recopie ces phrases en écrivant les verbes entre parenthèses au présent de l'indicatif.**

À qui (appartenir) ce sac oublié dans le couloir ? — En découvrant les cadeaux au pied du sapin, nous ne (contenir) pas notre joie. — Tu (entretenir) des contacts réguliers avec tes cousins de Marseille. — L'ensemble du peloton se (maintenir) à cinq cents mètres des coureurs échappés. — Nous (parvenir) au bord du gouffre et nous nous (pencher) pour voir le fond. — Le surveillant (intervenir) pour réclamer un peu de silence. — Je me (souvenir) des premières paroles de cette chanson. — Vous (obtenir) l'autorisation de jouer sous le préau. *Voir leçon 53*

475 **Recopie ces phrases en écrivant les verbes entre parenthèses au présent de l'indicatif.**

Je n'(entendre) pas les paroles que tu (murmurer). — Avant de partir en voyage, mon grand frère (apprendre) à parler l'italien. — Tu (entreprendre) le nettoyage de ta bicyclette. — Les pilotes (attendre) le signal du départ. — Nous ne (confondre) pas le fromage de chèvre avec le fromage de vache. — Vincent ne (comprendre) pas que tu puisses t'ennuyer en vacances. — Dans ce magasin, on (vendre) des chaussures et des vêtements. — J'(étendre) une couverture sur le lit. — Les policiers (surprendre) les voleurs et ils les (arrêter). — Le berger (tondre) ses moutons. — Tu me (rendre) un petit service. — Nous (répondre) à toutes les questions. — Vous (descendre) les marches sur la pointe des pieds. *Voir leçon 54*

476 **Recopie ces phrases en écrivant les verbes entre parenthèses au présent de l'indicatif.**

Le mot « ballon » s'(écrire) avec deux « l ». — Tu (tenir) ta raquette de la main gauche, mais tu (écrire) de la main droite. — Nous nous (inscrire) au concours de gymnastique. — Les Russes (écrire) avec des caractères spéciaux qui ne (ressembler) pas aux nôtres. — Vous (lire) plusieurs fois l'énoncé pour bien comprendre le problème. — Tu (décrire) le paysage qui s'(étendre) devant toi. — De temps en temps, je (relire) certaines histoires de Boule et Bill. — Farid (lire) les textes qui (être) dans les bulles des bandes dessinées. *Voir leçon 55*

477 Recopie ces phrases en écrivant les verbes entre parenthèses au présent de l'indicatif.

Les pirates (vouloir) cacher leur trésor à l'abri des regards. — Vous (vouloir) allumer une bougie. — Quand il le faut, tu (savoir) te taire. — Mon petit frère (savoir) déjà lacer ses chaussures tout seul. — Les montagnards (voir) les glaciers fondre d'année en année. — On (ne pas pouvoir) se servir de ce couteau sans précaution. — La famille Renaud (vouloir) adopter un jeune chiot. — Sous le choc, je (voir) trente-six chandelles. — (Pouvoir)-tu citer les noms des plus grandes villes de France ? — Pour m'aider, tu (vouloir) mettre la table. — Cet architecte (voir) les choses en grand ; il (vouloir) bâtir une tour de cinquante étages ! — Les naïfs (ne pas voir) plus loin que le bout de leur nez. **Voir leçon 56**

478 Recopie ces phrases en écrivant les verbes entre parenthèses au présent de l'indicatif.

Comment (dire)-on « cinq » en anglais ? — Le taxi (aller)-t-il plus vite que la moto ? — Les professeurs nous (dire) de nous mettre en rangs. — En frottant fort, la tache de graisse (s'en aller) facilement. — Vous (aller) jusqu'au carrefour et vous (tourner) à droite. — Vous (faire) une visite au musée de la Poupée. — Ce programme n'(être) pas intéressant, alors je (aller) changer de chaîne. — Je (dire) que ce problème n'est pas difficile. — Chaque samedi, Pablo (faire) son jogging. **Voir leçon 57**

479 Recopie ces phrases en écrivant les verbes entre parenthèses à l'imparfait de l'indicatif.

Les phares (guider) les navires perdus dans les flots déchaînés. — Le charcutier (couper) des tranches de saucisson. — Nous (photographier) les jardins entourant le château de Cormatin. — Les voitures ne (stationner) jamais sur les emplacements réservés aux handicapés. — Tu (souhaiter) offrir du parfum à ta maman. — Les trappeurs (calfeutrer) les portes et les fenêtres de leur cabane. — Tu (étaler) du beurre ou de la confiture sur tes tartines. — J'(arriver) toujours en avance au cours de danse. — Le professeur ne (tolérer) aucun écart au règlement de l'école. — Vous (tracer) des schémas pour mieux comprendre les situations-problèmes. **Voir leçon 58**

480 Recopie ces phrases en écrivant les verbes entre parenthèses à l'imparfait de l'indicatif.

Nous (être) devant le portail de l'école. — Comme vous vous (lever) tôt, vous (avoir) le temps de prendre un petit déjeuner plus copieux. — Nous (avoir) des cadeaux au pied du sapin. — J'(avoir) un short et un maillot assortis. — J'(observer) la photographie et je me (demander) quel (être) ce château. — Les chatons (être) dans leur panière. — Tu (avoir) un numéro de téléphone facile à retenir. — Le sommet de la colline (être) dans le brouillard. — Quand tu (être) dans le doute pour écrire un mot, tu (consulter) un dictionnaire. — Ces actrices (avoir) des bagues et des bracelets. — Vous (être) encore loin de la fin du parcours. **Voir leçon 59**

Conjugaison

481 **Recopie les phrases en écrivant les verbes entre parenthèses à l'imparfait de l'indicatif.**

Dès le mois de novembre, les premiers flocons (blanchir) les prairies. — Nous (unir) nos efforts pour ranger le matériel de gymnastique. — Le lion (rugir) lorsqu'il (avoir) faim. — Vous (rafraîchir) les verres de grenadine avec des glaçons. — Lorsqu'elle (garder) ses petits-enfants, Mme Moreau (rajeunir). — Je ne (salir) pas mes vêtements. **Voir leçon 60**

482 **Recopie ces phrases en écrivant les verbes entre parenthèses à l'imparfait de l'indicatif.**

Dans la fable, le roseau (plier), mais il (tenir) bon. — Tu (prévenir) le gardien afin qu'il laisse la porte du garage à vélos ouverte. — Après la tempête, la mer (redevenir) calme. — Je ne me (souvenir) plus du nombre de baguettes de pain à acheter. — Un énorme pilier (soutenir) l'échafaudage. — Vous (venir) avec nous chercher des escargots après la pluie. — Ces carrosses dorés (appartenir) aux rois de France. **Voir leçon 61**

483 **Recopie ces phrases en écrivant les verbes entre parenthèses à l'imparfait de l'indicatif.**

De hautes murailles (défendre) les châteaux forts. — Le beurre (fondre) dans la poêle chaude. — Tu (prétendre) résoudre tous les problèmes en moins de dix minutes. — Au printemps, le berger (tondre) ses moutons. — À l'école maternelle, nous (apprendre) de nombreuses comptines. — Lorsque les élèves n'(écouter) pas, la maîtresse (suspendre) la lecture de l'histoire. — Je (tendre) mon billet au contrôleur. — Vous (attendre) la permission pour entrer. **Voir leçon 62**

484 **Recopie ces phrases en écrivant les verbes entre parenthèses à l'imparfait de l'indicatif.**

Chaque année, les élèves (élire) le meilleur camarade de la classe. — Nous (écrire) sous la dictée du professeur, puis nous (relire). — Je (lire) facilement les livres lorsqu'ils (être) imprimés en grosses lettres. — À trois ans, vous (écrire) déjà votre nom et votre prénom. — Autrefois, certaines personnes ne (lire) pas couramment. — Avant l'invention des ordinateurs, les auteurs (écrire) leurs romans sur de petits cahiers ; aujourd'hui, ils utilisent un traitement de texte. — Tu (écrire) souvent une phrase amusante à la fin de tes textes. **Voir leçon 63**

485 **Recopie ces phrases en écrivant les verbes entre parenthèses à l'imparfait de l'indicatif.**

Lucas (vouloir) s'exercer au tir à l'arc. — Je (voir) les ballons s'envoler. — Tu (vouloir) toujours partager ton goûter avec tes amis. — Ces personnes (revoir) pour la première fois la maison qu'elles (habiter) dans leur jeunesse. — Vous (savoir) les prénoms de tous les élèves de la classe. — Au fil des minutes, l'équipe de Lens (voir) s'éloigner ses chances de victoire. — À quatre ans, je (savoir) lacer mes chaussures toute seule. — Nous (voir) flotter les drapeaux en haut des mâts. **Voir leçon 64**

486 **Recopie ces phrases en écrivant les verbes entre parenthèses à l'imparfait de l'indicatif.**

Au gymnase, lorsque vous (apprendre) à vous déplacer sur une poutre, vous (faire) attention de ne pas tomber. — Qu'est-ce que tu (faire) en nous attendant ? — Autrefois, certains élèves (faire) l'école buissonnière ; ils (aller) se promener au lieu de se rendre à l'école. — Quentin (aller) sortir lorsque le téléphone a sonné. — Stéphane (faire) un métier pénible : maçon. — Vous (aller) dans la même direction que moi. — Nous nous (dire) que le Père Noël (être) vraiment généreux. — Tu (aller) éteindre toutes les lumières. — Nous (faire) des provisions de biscuits. **Voir leçon 65**

487 **Recopie ces phrases en écrivant les verbes entre parenthèses au futur simple.**

Nous (avaler) cette cuillère de sirop d'un trait. — Je ne m'(approcher) pas trop près de la cage des tigres. — Ces jumelles (échanger) leurs vêtements, mais elles se (ressembler) toujours autant. — Nous (savourer) un petit instant de liberté. — Au vide-greniers, les amateurs de meubles anciens (fouiner) dans les travées. — Le coiffeur (manier) ses ciseaux avec habileté et il me (couper) les cheveux. — À la recherche d'un buvard, j'(inspecter) les étagères de la classe. — Tu (détacher) la barque et tu (commencer) à ramer. — M. Olivier ne (fumer) plus jamais une cigarette de sa vie. **Voir leçon 66**

488 **Recopie ces phrases en écrivant les verbes entre parenthèses au futur simple.**

Vous (avoir) des regrets si vous ne terminez pas votre travail. — Comme la clé (être) sur la serrure, tu (entrer) facilement. — Pour aller au bowling, tu n'en (avoir) que pour dix minutes. — S'ils ne portent pas de vêtements spéciaux, ces ouvriers (être) en danger. — Je (être) de bonne humeur, s'il ne pleut pas. — Avec cette énorme pizza, nous (avoir) de quoi manger ! — Nous (être) dans l'attente du début de l'émission. — Lorsque vous (être) au musée, vous (admirer) les nombreux tableaux. — Quand le parachutiste (être) près du sol, il (plier) les jambes pour amortir sa chute. — (Avoir)-je l'autorisation de sortir avant l'heure ? — Le camion des pompiers (avoir) la priorité sur les autres véhicules. — Dès que Remi s'(appliquer), il (avoir) une belle écriture. **Voir leçon 67**

489 **Recopie ces phrases en écrivant les verbes entre parenthèses au futur simple.**

Les flots tumultueux (engloutir) la petite embarcation. — Le planeur (atterrir) en douceur. — En tournant trop longtemps sur moi-même, je m'(étourdir). — Si on te propose un tour d'hélicoptère, tu (saisir) évidemment l'occasion. — Vous (obéir) aux instructions du moniteur de judo. — Nous (avertir) nos amis, car nous (être) peut-être en retard au rendez-vous. — Lorsque Thomas (manger) moins de pain, il (maigrir) sûrement. — Avec son air malheureux, le jeune chien (attendrir) toute la famille. — Je (finir) le nettoyage du lavabo avec une éponge. **Voir leçon 68**

490 Recopie ces phrases en écrivant les verbes entre parenthèses
au futur simple.

Nous (soutenir) le regard de nos adversaires. — À minuit, le carrosse de Cendrillon
(redevenir) une citrouille. — Vous (venir) me voir lorsque je (être) à l'hôpital. — Tu
ne (contenir) sûrement pas ta surprise devant ce beau cadeau. — Le conducteur
(tenir) son volant à deux mains. — Je me (souvenir) longtemps du jour où je suis
entrée au cours préparatoire. — Quand les vivres (venir) à manquer, qu'(advenir)-t-il
des naufragés ?   **Voir leçon 69**

491 Recopie ces phrases en écrivant les verbes entre parenthèses
au futur simple.

Lorsque nous (visiter) la Camargue, nous (prendre) des photos de flamants roses. —
L'éleveur (tendre) des fils de fer barbelé autour de son pré. — Suzanne (pendre) des
objets brillants aux branches de son cerisier pour faire fuir les moineaux. — Avec
ces chaussures montantes, je ne me (tordre) pas les chevilles. — Vous (attendre)
que l'huile soit bouillante pour y plonger les poissons. — L'apparition du monstre
(surprendre) les occupants du train fantôme.   **Voir leçon 70**

492 Recopie ces phrases en écrivant les verbes en gras au futur simple.

Dès que le printemps **arrive**, on **voit** les abeilles butiner les fleurs. — En regardant
mon portable, je **sais** aussitôt qui m'appelle. — Quand Valérie **rentre** fatiguée, elle
veut d'abord boire un grand verre d'eau. — Avec ces tenailles, vous **pouvez** arracher
les clous. — Avant l'hiver, Mehdi **veut** changer ses quatre pneus. — Lorsque la
passerelle **est** en place, les passagers **peuvent** descendre de l'avion. — Tu **vois** le
soleil se coucher à l'horizon.   **Voir leçon 71**

493 Recopie ces phrases en écrivant les verbes entre parenthèses
au futur simple.

Comme la planche (faire) vingt centimètres de trop, le menuisier la (scier). — Les
voyageurs (dire) s'ils veulent descendre au prochain arrêt. — Maman (aller) bercer
son bébé pour qu'il s'endorme. — Lorsque j'(aller) chez mes grands-parents, je
(passer) d'excellentes vacances. — S'il achète cette moto, Jérémy (faire) une bonne
affaire. — Des barrières (interdire) l'accès de ce sentier très dangereux. — Si on te
le demande, tu (aller) effacer le tableau.   **Voir leçon 72**

494 Recopie ces phrases en écrivant les verbes entre parenthèses
au passé composé de l'indicatif.

Les invités (apprécier) les tartes aux pommes. — J'(tacher) mon tee-shirt en buvant
du sirop de grenadine. — Tu (arriver) à l'école à l'heure. — Nous (comparer) nos
tailles respectives et c'est Dimitri le plus grand. — Les fruits trop mûrs (tomber)
du pommier. — Vous (contrôler) vos réactions. — Patrick (se déchausser) car il
(marcher) dans la boue. — Cet été, je (aller) au centre aéré. — Avec ce poste de radio,
tu (capter) une station musicale. — Lilian (placer) ses achats dans un sac.

Voir leçon 73

Annexes

La nature des mots

LES MOTS VARIABLES			
Noms	Noms communs	Ils désignent, en général : – des êtres, – des objets, – des lieux, – des actions, – des états, – des qualités…	un ami – une biche un vase – une trousse un pays – le quartier le lavage – la course le silence – la chaleur le courage – l'amitié
	Noms propres	Il désignent, en particulier : – des êtres, – des lieux, – des fêtes, – des monuments…	Marie – Picasso la France – Paris Noël – Pâques la tour Eiffel
Déterminants	Articles	Ils indiquent le genre et/ou le nombre des noms.	le – la – l' – un – une – au – du – les – des – aux
	Autres déterminants	Ils marquent : – l'appartenance, – le nombre, – le rang, – ce que l'on montre.	mon – nos – leur… trois – dix – trente… le troisième… ce – cet – cette – ces
Adjectifs	Ils s'accordent avec les noms qu'ils caractérisent. Ils peuvent être placés avant ou après le nom.		un long moment une longue journée un grand trait un trait épais
Pronoms	Ils remplacent un nom ou un groupe nominal.		Il court. Celui-ci court. Tous courent.
Verbes	Ils indiquent : – une action, – un état. Ce sont les mots essentiels de la phrase.		L'élève écoute. L'élève semble calme.

LES MOTS INVARIABLES		
Adverbes	Ils modifient ou ils précisent un verbe ou un adjectif. Beaucoup se terminent en « -ment ».	hier – demain – trop – mal – encore – partout… clairement – calmement – curieusement – finement…
Prépositions	Elles introduisent un complément.	à – de – pour – en – avec – sous – sur – par…
Conjonctions	Elles relient deux mots ou deux groupes de mots.	mais – car – et – puis – aussi – puisque…

Attention ! Un même mot peut appartenir à des catégories différentes selon sa place dans la phrase.

As-tu apporté ton goûter ?   → nom commun
Tu vas goûter tout à l'heure.   → verbe

Il y a trois absents aujourd'hui.   → nom commun
Les élèves absents sont malades. → adjectif qualificatif

Quelques mots invariables à connaître

comme – contre – déjà – rien – sauf – entre – donc
maintenant – avant – pendant – autant – quand
moins – plus – assez – beaucoup
après – auprès – très – aussi – ainsi
ici – parmi – loin – chez – autour – vers
longtemps – toujours – jamais – aujourd'hui
dessus – dessous – devant – derrière
alors – lorsque – d'abord
sans – dans – dedans
depuis – enfin – ensuite
aussitôt – bientôt

Le verbe avoir

AVOIR		
présent de l'indicatif	**imparfait de l'indicatif**	**futur simple de l'indicatif**
j'ai	j'avais	j'aurai
tu as	tu avais	tu auras
elle a	elle avait	elle aura
nous avons	nous avions	nous aurons
vous avez	vous aviez	vous aurez
ils ont	ils avaient	ils auront
passé composé de l'indicatif	**participe passé**	
j'ai eu	eu	
tu as eu		
elle a eu		
nous avons eu		
vous avez eu		
ils ont eu		

Le verbe être

ÊTRE		
présent de l'indicatif	**imparfait de l'indicatif**	**futur simple de l'indicatif**
je suis	j'étais	je serai
tu es	tu étais	tu seras
elle est	elle était	elle sera
nous sommes	nous étions	nous serons
vous êtes	vous étiez	vous serez
ils sont	ils étaient	ils seront
passé composé de l'indicatif	**participe passé**	
j'ai été	été	
tu as été		
elle a été		
nous avons été		
vous avez été		
ils ont été		

Les verbes en -er (parler)

PARLER		
présent **de l'indicatif**	**imparfait** **de l'indicatif**	**futur simple** **de l'indicatif**
je parle tu parles elle parle nous parlons vous parlez ils parlent	je parlais tu parlais elle parlait nous parlions vous parliez ils parlaient	je parlerai tu parleras elle parlera nous parlerons vous parlerez ils parleront
passé composé **de l'indicatif**	**participe** **passé**	
j'ai parlé tu as parlé elle a parlé nous avons parlé vous avez parlé ils ont parlé	parlé	

Les verbes en -ir (finir)

FINIR		
présent **de l'indicatif**	**imparfait** **de l'indicatif**	**futur simple** **de l'indicatif**
je finis tu finis elle finit nous finissons vous finissez ils finissent	je finissais tu finissais elle finissait nous finissions vous finissiez ils finissaient	je finirai tu finiras elle finira nous finirons vous finirez ils finiront
passé composé **de l'indicatif**	**participe** **passé**	
j'ai fini tu as fini elle a fini nous avons fini vous avez fini ils ont fini	fini	

Les verbes en -ir (venir)

VENIR		
présent de l'indicatif	**imparfait de l'indicatif**	**futur simple de l'indicatif**
je viens	je venais	je viendrai
tu viens	tu venais	tu viendras
elle vient	elle venait	elle viendra
nous venons	nous venions	nous viendrons
vous venez	vous veniez	vous viendrez
ils viennent	ils venaient	ils viendront
passé composé de l'indicatif	**participe passé**	
je suis venu(e)	venu	
tu es venu(e)		
elle est venue		
nous sommes venu(e)s		
vous êtes venu(e)s		
ils sont venus		

Les verbes en -ir (tenir)

TENIR		
présent de l'indicatif	**imparfait de l'indicatif**	**futur simple de l'indicatif**
je tiens	je tenais	je tiendrai
tu tiens	tu tenais	tu tiendras
elle tient	elle tenait	elle tiendra
nous tenons	nous tenions	nous tiendrons
vous tenez	vous teniez	vous tiendrez
ils tiennent	ils tenaient	ils tiendront
passé composé de l'indicatif	**participe passé**	
j'ai tenu	tenu	
tu as tenu		
elle a tenu		
nous avons tenu		
vous avez tenu		
ils ont tenu		

Les verbes en -dre (attendre)

ATTENDRE		
présent de l'indicatif	**imparfait de l'indicatif**	**futur simple de l'indicatif**
j'attends	j'attendais	j'attendrai
tu attends	tu attendais	tu attendras
elle attend	elle attendait	elle attendra
nous attendons	nous attendions	nous attendrons
vous attendez	vous attendiez	vous attendrez
ils attendent	ils attendaient	ils attendront
passé composé de l'indicatif	**participe passé**	
j'ai attendu	attendu	
tu as attendu		
elle a attendu		
nous avons attendu		
vous avez attendu		
ils ont attendu		

Les verbes en -dre (prendre)

PRENDRE		
présent de l'indicatif	**imparfait de l'indicatif**	**futur simple de l'indicatif**
je prends	je prenais	je prendrai
tu prends	tu prenais	tu prendras
elle prend	elle prenait	elle prendra
nous prenons	nous prenions	nous prendrons
vous prenez	vous preniez	vous prendrez
ils prennent	ils prenaient	ils prendront
passé composé de l'indicatif	**participe passé**	
j'ai pris	pris	
tu as pris		
elle a pris		
nous avons pris		
vous avez pris		
ils ont pris		

Le verbe voir

VOIR		
présent de l'indicatif	**imparfait de l'indicatif**	**futur simple de l'indicatif**
je vois	je voyais	je verrai
tu vois	tu voyais	tu verras
elle voit	elle voyait	elle verra
nous voyons	nous voyions	nous verrons
vous voyez	vous voyiez	vous verrez
ils voient	ils voyaient	ils verront
passé composé de l'indicatif	**participe passé**	
j'ai vu	vu	
tu as vu		
elle a vu		
nous avons vu		
vous avez vu		
ils ont vu		

Le verbe savoir

SAVOIR		
présent de l'indicatif	**imparfait de l'indicatif**	**futur simple de l'indicatif**
je sais	je savais	je saurai
tu sais	tu savais	tu sauras
elle sait	elle savait	elle saura
nous savons	nous savions	nous saurons
vous savez	vous saviez	vous saurez
ils savent	ils savaient	ils sauront
passé composé de l'indicatif	**participe passé**	
j'ai su	su	
tu as su		
elle a su		
nous avons su		
vous avez su		
ils ont su		

Le verbe vouloir

VOULOIR		
présent de l'indicatif	**imparfait de l'indicatif**	**futur simple de l'indicatif**
je veux tu veux elle veut nous voulons vous voulez ils veulent	je voulais tu voulais elle voulait nous voulions vous vouliez ils voulaient	je voudrai tu voudrais elle voudra nous voudrons vous voudrez ils voudront
passé composé de l'indicatif	**participe passé**	
j'ai voulu tu as voulu elle a voulu nous avons voulu vous avez voulu ils ont voulu	voulu	

Le verbe pouvoir

POUVOIR		
présent de l'indicatif	**imparfait de l'indicatif**	**futur simple de l'indicatif**
je peux tu peux elle peut nous pouvons vous pouvez ils peuvent	je pouvais tu pouvais elle pouvait nous pouvions vous pouviez ils pouvaient	je pourrai tu pourras elle pourra nous pourrons vous pourrez ils pourront
passé composé de l'indicatif	**participe passé**	
j'ai pu tu as pu elle a pu nous avons pu vous avez pu ils ont pu	pu	

Le verbe aller

ALLER		
présent de l'indicatif	**imparfait de l'indicatif**	**futur simple de l'indicatif**
je vais	j'allais	j'irai
tu vas	tu allais	tu iras
elle va	elle allait	elle ira
nous allons	nous allions	nous irons
vous allez	vous alliez	vous irez
ils vont	ils allaient	ils iront
passé composé de l'indicatif	**participe passé**	
je suis allé(e)	allé	
tu es allé(e)		
elle est allée		
nous sommes allé(e)s		
vous êtes allé(e)s		
ils sont allés		

Le verbe faire

FAIRE		
présent de l'indicatif	**imparfait de l'indicatif**	**futur simple de l'indicatif**
je fais	je faisais	je ferai
tu fais	tu faisais	tu feras
elle fait	elle faisait	elle fera
nous faisons	nous faisions	nous ferons
vous faites	vous faisiez	vous ferez
ils font	ils faisaient	ils feront
passé composé de l'indicatif	**participe passé**	
j'ai fait	fait	
tu as fait		
elle a fait		
nous avons fait		
vous avez fait		
ils ont fait		

Le verbe dire

DIRE		
présent de l'indicatif	**imparfait de l'indicatif**	**futur simple de l'indicatif**
je dis	je disais	je dirai
tu dis	tu disais	tu diras
elle dit	elle disait	elle dira
nous disons	nous disions	nous dirons
vous dites	vous disiez	vous direz
ils disent	ils disaient	ils diront
passé composé de l'indicatif	**participe passé**	
j'ai dit	dit	
tu as dit		
elle a dit		
nous avons dit		
vous avez dit		
ils ont dit		

L'alphabet phonétique

Consonnes		Voyelles	
[b]	ballon	[a]	partir
[d]	dent	[ɑ]	pâte
[f]	foire	[ã]	dans
[g]	gomme	[e]	dé
[k]	cours	[ɛ]	flèche
[l]	lune	[ɛ̃]	singe
[m]	mer	[ə]	devenir
[n]	nage	[i]	gris
[ɲ]	ligne	[o]	trop
[p]	porte	[ɔ]	note
[ʀ]	rire	[ɔ̃]	long
[s]	soir	[œ]	leur
[ʃ]	chien	[œ̃]	brun
[t]	train	[ø]	deux
[v]	vite	[u]	fou
[z]	zèbre	[y]	pur
[ʒ]	jeune		

Semi-voyelles (ou semi-consonnes)

[j]	paille
[ɥ]	huit
[w]	oui

L'orthographe rectifiée

Dans ce manuel, nous avons choisi de ne pas retenir les recommandations de l'orthographe rectifiée, laissant les professeurs libres de les appliquer. Pour la leçon 17 sur les déterminants numéraux, et la leçon 28 sur les accents, voici les modifications proposées par le Conseil supérieur de la langue française.

• Les numéraux composés sont systématiquement reliés par des traits d'union.
vingt et un → vingt-et-un
cent deux mille cinq cents → cent-deux-mille-cinq-cents

• L'accent circonflexe disparaît sur le i et sur le u.
un maître → un maitre   connaître → connaitre   le goût → le gout
On le maintient néanmoins dans les terminaisons verbales du passé simple, du subjonctif et dans cinq cas d'ambiguïté :
– les adjectifs masculins dû, mûr et sûr pour les distinguer de leurs homophones ;
– le jeûne, pour le distinguer de l'adjectif homophone ;
– les formes du verbe croitre qui, sans accent, se confondraient avec celles du verbe croire : je croîs, tu croîs, etc.

Imprimé en France par Pollina - L80452 – Dépôt légal : Mai 2017 – Collection n°14 – Édition n°01
72/0697/3